_|￣|○ いつも次がない! _|￣|○

出会いでつまずく人のための心理術

精神科医
ゆうきゆう

また会いたい人に必ず変わる心理カルテ⑫

《(~△~;)》

Nanaブックス

まえがき

「草食系」……最近この言葉をよく耳にしますよね。

女性に興味がないわけではないけれど、積極的に攻めていくことはあまりない男性に対して使われている言葉です。

一方、女性には「あんまりガツガツした男性はイヤ‼」「かと言って、まったく興味を持ってくれないのも……」という、非常に複雑な気持ちがあるようです。

しかしながら、追われれば逃げたくなり、逃げられれば追いたくなるのが人のサガです。

「草食系男子は一体何を考えているの？」

このように、実際多くの女性誌では、毎回のように草食系男子の特集が組まれています。

この質問への答えはじつにカンタン。

話は少し変わりますが、この本を手にとってくれたあなたは、魅力的な異性を見かけたらガンガン話しかける方ですか？

それとも相手が自然と自分に気づいてくれるのじっとを待つタイプでしょうか？

もしあなたが後者なら……。

意識していないだけで、あなたは周りに「草食系」と思われている可能性があります。

では、なぜ積極的に声をかけるのをためらってしまうのでしょうか。
それこそ先ほど出てきた「草食系男子は何を考えているの?」への解答でもあります。

何度も言いますが、答えは、じつにカンタンです。

「連絡先を聞いて、ヘンなカオされたらどうしよう……」
「デートに誘っても、面白い話なんてできないし……」

自分から行動を起こす前に、こんな不安をどんどん勝手に膨らましている、
または、**実際には何もまだ問題など起こってないのに、こんな「先取り不安」で心をいっぱいにしている、が正解です。**
そして、その結果持っている少ないエネルギーを全部使い果たしてしまうのが、一般的な草食系の生態です。

もちろんそれは悪いことではありません。

「草食系」が雑誌やテレビでも多く取り上げられていることからわかるように、積極的に出られないあなたを狙ってくる、いわゆる「肉食系」と呼ばれる人だっていることでしょう。

でも、そういった他者からのアプローチをじっと待つのは、**広い広い海に一本の釣り糸を垂らして、魚が釣れるのをただひたすら待ち続けるのと同じこと。**

自分から積極的にアプローチを繰り返す「肉食系」とは到底勝負になりません。

ほんの少し、自分から動く勇気を持ってみる。

この本には、「出会い」などの対人関係でつまずきやすいあなたが、その「勇気」を出すきっかけとなるヒントが満載です。

まずは、気楽な気持ちでこの本のページをめくってみてください。

本書を読み終えたとき、あなたは確実に、人との「出会い」が恐くなくなっている自分に気がつくはずです。

たとえ、あなたが男性であとうと、女性であろうとそんなことはまるで関係ありません。

様々な「出会い」の場面に、いまよりも勇気を持って臨んでいるであろうことを、お約束します。

ゆうきゆう

登場人物紹介

大阪 京人

26歳草食系男子会社員。一浪一留の大学卒。まじめだがズレていて仕事も恋愛もパッとしない。完全無欠のアキバ系。

星野 志穂

28歳肉食系適齢期女子。コスプレキャバクラ『愛とストレスクリニック』キャバ嬢。スーパー女王様キャラだが正体は不明。好みは癒し系の男。

男性店員

牧師から看護師まで、幅広くこなす『愛とストレスクリニック』の男性キャバクラ店員。セリフはないが、フットワークはかなり軽い。

出会いでつまずく人のための心理術　目次

第2章◎悲しいくらい最後までもたないのはなぜ？

第3章 ◎ しょっちゅう間が悪いのはなぜ？

第4章◎やっぱりズレてしまうのはなぜ？

カルテ No.08
何度もトイレに行っトイレ！ —126—

カルテ No.09
あなたの場はどこ？ —144—

プローグ

えっと……僕、自己紹介って苦手なんですよね。
人見知りだし、緊張すると声も小さくなるし……

いまの会社に入ったときも、新入社員歓迎会で自己紹介したんですが、その後の一週間は散々でした。上司には「一流大卒って自負したクセに使えないなっ！」と叱られ、女の子には「関西出身なんでしょ⁉ 何か面白いこと言って～！」とムチャ振りされ……。

僕は自己紹介で「一浪一留、大学卒」って言ったんです。

「一応一流大学卒」なんて言ってないんです……。
それに大阪出身でも京都出身でもありません。生粋の関東っ子で「大坂京人」と書いて「おおさかきょうと」という名前なだけなんです。

そんな、いっつも押されっぱなしの僕ですが、よろしくお願いします。

あ、そうそう。最近車を買う予定はありませんか？　じつは僕、車のディーラーに勤めているんですよ。

まだ入社二年目なんであんまり人気のある車はまかせてもらえないんですけど……。でも買い換えるときにはぜひ僕に連絡ください。

え、僕の車ですか？

僕は車なんか持ってないですよ。お金もかかるし事故もこわいし、環境的にも正直電車やバスの方がいいかなって。

あぁ、で、車いかがですか……？

えっ、要らない？

……はぁ～、わかりました。

こんな調子だから、仕事もダメ……もちろん恋愛もからっきしの僕でした。

そう、あの出会いがあるまでは……

これは、会社帰りのある夜に、体験した出来事です。


「すみませんけど！」


突然の力強い声。

僕は無意識にそちらの方を見ました。

目の前に現れたのは、白衣を着た一人の女医さんでした。

街中で、なぜ女医？　彼女の姿は、それは衝撃的でした。

「すみませんけど、いま何時？」

「いや、もう九時だけど……」

「た、大変っ！　時間がないっ！」

「は、はぁ⁉」

「……はっ！　そうだ！」

「な、何なんですか？」

「とにかく落ち着け、私……」

「……⁇」

「……悪いわるい、本当に突然で申し訳ないんだけど、名前聞いてもいいかな？」

「………ぼ、僕のことですか？　お、大坂って言いますが……」

「下の名前は？」

「きょ、京人です」

「キョウト⁉　スゴくいい響きねっ！」

「そ、そうですか？　そんなこと言われたことないので、嬉しいです……」

「それって、一体どういう字？」

「え、えっと、京都の京に、人って書きますが……」

「なるほど。その昔、戦乱が続いた京の町にあって、人間らしさを決して忘れない。そんなご両親の願いが込められているんだろうねぇ」

「ええっ⁉　そ、そんな悠久の願いが！　いままで思いもしなかった。って絶対思わない気もしますが……」

「そんで、いまは何をしているとこ？　仕事帰り？」

「え、ええ、まぁ、そうですけど……」

「ちなみにどんな仕事してるのかな？」

「え、営業などを少々……」

「おっ、すごい！　花の営業なんだねっ！」

「ええ、まぁ……」

「営業ってどんな感じでやるの？」

「い、いや、何だかんだ言って、やっぱり人といろいろ話すのがコツかなぁ……」

「……ふうん……。あぁ、それで京人君」

「京人君⁉」

下の名前を呼ばれて驚きましたが、なぜか悪い気はしませんでした。

「ちょっと言いにくいんだけど、と〜っても大事なお願いがあるの……」

「え？」

「聞いてもらえるかな？」

「……」

どんな悩みなんだろう。僕は不安でたまらなくなりました。

「一緒に、とあるお店に来て欲しいんだわ」

「え？」

そんなこと⁉　一瞬、わずかながら気持ちが落ち着くのがわかった僕でした。

いや、でも、待て自分。この女性は女医さんのカッコウをしている。

そして突然あるお店にって言われても……。


「いや、やっぱり……」

「もしかして、アヤしいお店だと思ってない？」

「ぎくっ！　いや、そんなことは！」

「まぁ、そう思われても、仕方ないよね……」


僕は慌ててしまったのでした。


「私はそのお店に勤めていて、いまは出勤の途中なんだよね」

「……」

「それでマズいことに、かなり遅刻しちゃってて、九時までに入らないといけないんだけど、いまはもう……？」

「九時十五分ですよ」

「う、うげっ！　た、大変！」

「……⁉」

「そうそう、それでもって誰かお客さんと一緒だと、〝同伴扱い〟と見なされて遅刻してても大丈夫になるんだわ」

「そ、そんなわかりやすいシステムが……」

「そうなるとすご〜く助かるので、よかったら来てもらえないかな？」

「うっ……」

「いまだったら料金も安いし、時間もちょっとだけで構わないから。普通に飲んだって数千円くらいだよ、きっと」

正直、迷ってしまいました。

女性がいるお店には、入社後すぐ、上司にちょくちょく連れて行ってもらいました。しかしそれも最初の一カ月だけ。それ以来は一度も行っていません。

いま考えると、おそらくあれは新入社員をすぐに辞めさせないための作戦だったんだと思います。それ以来連れて行ってもらえることは皆無でした。

なぜだか気持ちが惹かれます。

それはこの女医風の女性と、あと少しだけ話してみたい気持ちがまだあったからです。

しかし、数千円といえどもお金が……。

いま一つ迷っていた僕に、彼女は突然こんなことを言ったのです。

「モテないよね、君」

「えぇっ⁉」

「仕事もできないよね、君」

「う、うぐぐっ」

「スーツを来て、この時間。いま、あなたは仕事帰り。そしてとっても疲れた表情をしていた……。おそらく、仕事にやる気が見えない状態なんじゃないのかな？　さらに今日は金曜なのに、まるで浮かない足取りで歩いている。

おそらく恋愛でもうまく行っていないんじゃないかな？」

僕は、何も言うことができませんでした。

「そんな毎日を私が変えてあげると言ったら？」

「……!!」

そんなの、無理だ。絶対無理に決まっている。

その瞬間、彼女は言いました。

「私がさっきから、とあるテクニックを使っていたの、わかったかな？」

「……」

意味が、まったく分かりませんでした。

いままでの会話でテクニックなんてあったの？

「もし私につき合ってもらえたら、その答えを教えてあげるわ。必ずや君の悩みを解決する助けになると思うけど……」

「う、うぅっ……」

「あなたは毎日、多くの人と会っているはず。でも、その相手と深いつき合いができることなんてほとんどないはず。その**単なる『出会い』**を最高の『**出逢い』に変える、その方法を君は知らないだけ**なんだよ」

「……」

「帰る？　やっぱり」

「え⁉」

「それとも来てみる？」


十分後、僕は彼女に手を引かれ、とある店の中にいたのです。

第1章◎いつも最初でつまずくのはなぜ？

《(~△~;)》

カルテ
No.01

初対面の会話を克服するには？

初めてはどっちがイイ？

店の名前は『愛とストレスクリニック』。

ひょっとして女医のカッコウは単なるコスプレだったのだろうか？

「いやぁ、あらためて、来てくれてありがと～！」

「い、いや、あの……」

僕は、もう一度店の中を見回しました。

店には、白衣を着た女医や看護師のカッコウをした女の子がたくさんいます。

また、そんな女の子たちに聴診器を当てられながら、楽しそうに談話をしている会社員風のお客もチラホラいます。

しかしながら内装が異様にちゃっちいのが気になりました。


「今日はスペシャルデイなのよ」

「……他の日はまた違うカッコウなのですか？」

「うふふ。他の日はもっとスゴかったりするわよ」

「た、たとえば？」

「それは、また来てのお・た・の・し・みぃ～」

「……」


店内の薄明かりに照らされた彼女は、吸い込まれてしまいそうなほど美しく見えました。

僕は思わず彼女に見とれてしまいました。

「……」

「何ボォ～としてんの？　何か飲む？」

「じゃあ、ビー……」

「緑茶、ウーロン茶、ジャスミン茶からプーアル茶まで、ありとあらゆる飲み物を用意してるわ」

なぜ、お茶ばかりなのでしょうか。

「ここは客のランクによって、出す飲み物を変えてるシステムなのよ」

「……」

ランク的に、お酒まで届かない客ということですか。

「それじゃあウーロン茶で……」

「はーい！　ハーフウーロンワンで～す！」

「あの、ハーフウーロンって？」

「ん？　半分水で割ったウーロン茶に決まってんじゃない」

……さらに薄めるんですか。

「で、で！　さっきの話なんですが」

「さっきの話？」

忘却早っ！

「いや、さっき言ってた『テクニック』ってどういうことなんですか……？」

「あぁ、覚えてんだ。最初声をかけたよね。『すみませんっ！　いま、何時っ？』って」

「は、はい……」

「実際に心理学的な実験で、こんな調査が行われたことがあるのよ。実験者は、たくさんの被験者たちに、さまざまな方法でアプローチをしたの。その際に、

A　意表をついたジョークで、第一声をかける

B　当たり障りのない言葉で第一声をかける

としたんだけど、被験者の好感度はどっちが高かったと思う？」

「……エ、Aかな？　やっぱりウケた方が、インパクトは強いし……」

瞬間、飲もうとしていた僕のハーフウーロンが取り上げられました。

「え？」

「水でも飲んでなさいっ！」

ついに公園でタダで飲める液体に。

「ち、違うのですか？」

「答えは、Ｂよ。想像してみて欲しいんだけど、たまにバラエティ番組なんかで芸人がすんごくつまらないギャグをやったりするよね。テレビの場合は歓声が強制的に入って笑える雰囲気になるけど、あれ番組じゃなかったらどう思う？」

「うっ……」

「そう、つまり**意表をついた話し方は、いい方法ではないのよ**。初対面の場合だと相手の情報もほとんどないでしょ？　その際、意表をついた声のかけかたをした場合、誰でもビックリしちゃうでしょ。**知らない人が声をかけてくるという強い不安状態だから、話しかけられた相手は言葉一つひとつでも敏感になってしまう**のよ」

「な、なるほどぉ……」

「だからこんな場合はありふれた言葉の方がベスト。強く響くこともないけど、その分、相手に与えるインパクトはソフトになるのよ」

「うーん……」

「さらに心理学では『**好意の返報性**』という言葉があるの」

「好意の返報性？」

「たとえば誰かに怒られたらイライラしてくるよね？　逆に褒められたとしたら相

手のことをよく思えたりはしないかな？」

「た、確かにそうかも……」

「これは謝罪の場面でも同じこと。相手が謙虚に出てきたら、あなたも少しは下手《したて》に出てしまうと思うでしょ？」

「なるほど、そうかも……」

「**だからこそ『すみません』なのよ**」

「……」

二人の距離、もっと縮めて……

そのあとの彼女の話は、不思議に自分の頭にすんなり入ってきました。

第一声は「無難な言葉」で。もちろん無難な言葉もいろいろとあります。

「**あの……**」

「**どうも**」

「こんにちは」

「初めまして」


さらにその中でも、**効果が高いのが「すみません」という言葉**。これは下手に出て、謝っている言葉にも取れます。

実際に「好意の返報性」により、下手に出るほど、相手も無意識に、同じように下手な気持ちになるものです。そのため、自分の言葉に対して、ソフトに反応してくれることになります。


「さらに、そのあとの言葉を覚えているかな？」

「『私をどこにでも連れて行って！』でしたっけ？」

「三番テーブル、チェックお願いしますっ！」

「ウソです、ウソです。心から申し訳ありません」

「『いま、何時？』だったよね？」

「その通りでございます」

そして、彼女は解説を始めました。

まず**「すみません」でうち解けた直後は、すぐに「質問」をすること。**

最初に声をかけるとき、つい無意識に、とにかく自分ばかりペラペラしゃべってしまう人は多いものです。

これでは声をかけられた人は「単なる聴衆」になってしまいます。こうなると「参加していない」という意識から、いつまでたっても二人の距離が縮まることはありません。

心理学者であるドロシー・リーズは、『質問は、相手の気持ちを開き、二人の関係をより深くする』と言いました。

これは一般的によくわかっている事実だと思いますが、それでも会話になると、つい忘れてしまう人は多いものです。

「だから最初は、とにかく質問をセットでつけること。相手が反射的に答えられるものなら、何でも構わないの。今回のように『時間』を聞くのもアリだし、または

『どこからいらしたんですか？』というように、簡単な場所を聞くのもいいと思うわ。『何されてるんですか？』、でも『お一人ですか？』でも構わない。何でもいいので**『簡単でシンプルなあいさつ』＋『簡単な質問文』こそ、声をかけるときに必ず心がける、それこそがもっとも効果的かつ理想的な初めての言葉なのよ**」

「なるほどぉ……」

「わかったかな？」

「は、はいっ！　で、でも一体どんな質問をすれば……」

「あぁっ……。ちょっと指名が入っちゃったみたい！　約束だし、今回の料金はサービスにしておくからね。続きは、また今度来たときにでも！」

……何、このデート商法。こんな店もう来ない。僕はそう誓いました。

しかし、次の週の夜。気がつくと、なぜかその店に通っている僕がいたのです……。

ここは無難に
街頭でよく聞く
セリフで…！
すみません、
神は
信じますか？
すみません
あの神――
スタ
スタ

あしたのための処方箋

その1　初めて声をかけるときは、
とにかく無難な言葉でかけるべし！

その2　「すみません」ならより効果的!!

その3　シンプルな言葉に続く
簡単な質問は効果倍増!!!

カルテ No.02

やり取りは終わらない

その日は、店内に入ると賛美歌が流れていました。

指名と共に、彼女はシスターの衣装に身を包んでやって来ました。

「迷える子羊の肉よ、祈りなさい」

……。

もう、調理後ですか。

「あの、その衣装は」

「もちろん、シスター」

「……」

「そう、今日はシスターデーなのよ！」


うんまぁ。

何て言うか。

もっと開いて！

「そ、それで！　出会いのときの会話に隠されていたっていう、テクニックをもっと教えて欲しいんですが……」

「もちろん、いいわよ～ん。まず京人君は、こんなことを話したのを、覚えているかな？」

「そんで、いまは何をしているとこ？　仕事帰り？」

「え、ええ、まぁ、そうですけど……」

「ちなみにどんな仕事してるのかな？」

「え、営業職などを少々……」

「おっ、すごい！　花の営業なんだねっ！」

「えぇ、まぁ……」

「営業ってどんな感じでやるの？」


「あ、ありましたね」

「京人君は、『最初の会話で、話が止まってしまう』ことはないかな？　『いくら話しても、会話が盛り上がらない』ということは？」

「あります……」

「じつはここに、そんな事態を避ける、最強の会話の技術が隠れているのよ」

「ええっ⁉」

そこで彼女が話したのは、こんな内容でした。
じつは心理学的に、会話を続けるための、すんごくシンプルな解決法があります。
あなたは「5W1H」というモノをご存じでしょうか。
はい。英語の授業で出てきましたね。

「WHAT」……何を
「WHEN」……いつ
「WHERE」……どこで
「WHO」……誰が
「WHY」……なぜ
「HOW」……どのように

という、六つの質問の種類のことです。
これこそが、会話が止まってしまうあなたの救世主です。

そして質問には、二種類があると言われています。

一つが、イエス・ノーで答えられる質問である「閉じた質問（クローズド・クエスチョン）」。

「昨日は寝ましたか？」

「今朝は食事をしましたか？」

などの質問になります。

これは答えるのはカンタンなのですが、それ以上会話が広がりません。

「はい。寝ました」

「いいえ。今朝は食べてないです」

などの答えくらいしかできないからです。

しかし、その逆で「開いた質問（オープン・クエスチョン）」というものがあります。それこそが、この5W1Hで代表される質問のこと。

「昨日は何時に寝た？」

「今朝は何を食べたの？」

こういう質問なら、

「二時に寝たんだよ」☟「え、遅いじゃん。どうしたの？」

「今朝はパン一枚だけ食べたよ」☟「へぇ、パン一枚だけなの？」

などのように、話をさらに広げていくことができるものです。

とにかく「5W1H＝話を広げていく質問」ということを覚えておいてくださいね。

閉じちゃダメ！

「わ、わかりました」

「たとえば、閉じた質問っていうとね」

「は、はい」

「『京人君は、本当に男ですか？』とかが閉じた質問になるよね」

「イエス・ノーで答えられますね。ていうかその質問の内容、心が閉じてしまった気分になりますが……」

「あと、開いた質問なら、『京人君は、何で生きているの？』とかかな？」

「あぁ、開いた質問ですね。でも不思議に、これも心が閉じた気分になります」

「他にも応用として、『戦国時代を終わらせたのは誰ですか？　イエヤスorノー？』」

「あぁ、もはや開いた質問かどうかわからなくなってますが、イエヤスorノーで答えられますね……」

「ね、不思議でしょ？」

「……」

「コホン、話を続けましょう」

「お願いします」

大事なパスを受け止めて！

そして彼女は話を続けました。

大切なのは、とにかく**相手が何かの言葉をしゃべったら、必ず「5W1H」の質問をすることです**。これを繰り返すだけで、会話は無限に広がっていきます。

実際に話が続かない、止まってしまうという人は、相手の投げてきたパスをスルーしてしまうことがほとんど。

たとえば、「私、趣味が釣りなんだ」、「僕、資格を取ろうとしてるんだ」と言われたときに、

「ふうん……」

「そうなんだ……」

で終えてしまったりするわけです。

思い当たる方はいませんでしょうか。

もしくは、

「釣りかぁ。釣りといえば、僕も昔からやってるんだけどさぁ……」

「資格かぁ。自分は受験勉強以外にやったことないから、よくわからないけど……」

というように、好き勝手に自分の思い出などを語り始めてしまいます。

これでは、相手は不満になり、会話が盛り上がることなどありません。

よって**大切なのは、とにかく「５Ｗ１Ｈ」を心がけること**です。

「私、趣味が釣りなんだ」なら、

「へぇ。いつからやってるの?」(WHEN)
「どんな場所に行くの?」(WHERE)
「道具とか、どんなの使ってる?」(WHAT)
「どんな人と行ったりする?」(WHO)
「どんな風に釣るの?」(HOW)

などの質問がありえます。

さらに応用して、

「どのくらいのペースで行ってるの?」(HOW OFTEN)

などもありえます。

他にも「僕、資格を取ろうとしてるんだ」でも同じです。

「へぇ。いつから勉強してるの?」(WHEN)

「試験って、いつなの？」（　〃　）
「何の資格を取るの？」（WHAT）
「誰かに習ったりしてるの？」（WHO）
「どんな風に勉強してるの？」（HOW）

など、いくらでも会話は広がります。
具体的な会話例としては、

「私、趣味が釣りなんだ」
「へぇ。いつからやってるの？」（WHEN）
「子供のころからやってるんだ」
「すごいじゃん！　普段、どんなところに行ってるの？」（WHERE）
「茨城とかよく行くかなぁ」
「茨城かぁ……。どうやって行くの？　やっぱり電車？」（HOW）
「車で行くことが多いかな」

「あぁ、それって体力的にツラそうだよねぇ……」

などのように、とにかくエンドレスで続きます。

「会話が止まってしまう……」という方は、とにかくこの「5W1H」を心がけること。

一つのトピックでこれらについてどんどん質問していけば、会話が止まることはほとんどありません。

もちろん、その話の中で話題が移ってきたら、その移った話題でも、同じように「5W1H」の質問をしていけばいいでしょう。

これによって相手は、「あ、私の話題に興味を持ってくれているんだ」と思って、嬉しく感じるはず。

その中で、この会話のように、

「すごいじゃん！」（誉め言葉）

「茨城かぁ……」（繰り返し）
「ツラいよねぇ……」（共感）

などのような「あいづち」を入れてもいいでしょう。相手はより「聞いてもらえている！」と感じるはずです。

またある程度相手が話したと思ったら、もちろん「自分の場合は……」と話してもいいでしょう。

とは言え、これは、相手が話しきったな、と思ったあとです。

いずれにしても、「まずは質問」ということを覚えておいてくださいね。

「なるほどぉ……」

「わかった？　もちろん私が以前に話したセリフも同じ。

「そんで、いまは何をしているとこ？　仕事帰り？」（WHAT）
「ちなみにどんな仕事してるのかな？」（WHAT）
「え、営業職などを少々……」
「おっ、すごい！　花の営業なんだねっ！」（褒め言葉）
「営業ってどんな感じでやるの？」（HOW）

などよね」

「そっかー。テクニックとしての褒め言葉だったんですね」

「相手さえ気分よくなったら、いいと思わない？」

「……」


できることなら、ずっとナイショにして欲しかった。

僕は心から思いました。

「ちなみにそのあと、京人君は、こう話したの、覚えてる？」

「い、いや……。やっぱりいろいろと話すのがコツかなぁ……」

「これを聞いた瞬間『あぁ、ヤバいな……』と思ったの。とにかく**喋るよりも、まずは聞くことが大切なのよ**」

「ううう……。よ～く、わかりました……」

僕はそこで、一つの事実に気がつきました。

「……あれ？　でも、５Ｗ１Ｈですよね？　さっきから、『なぜ？』（ＷＨＹ）だけ入っていないですよね？」

「そうっ！　よく気がついたわね。京人のくせにっ！」

褒めてもらえているんだか、いないんだかわからないお言葉、ありがとうございます。

「じつはこの『なぜ？』だけは、会話においては、タブーな言葉なの！　スムーズな会話を止める、まさにジョーカーのような質問よ」

「ジョーカー？」

そして彼女は話を続けます。

たとえば「私、釣りが趣味なんだ」に対して、「なぜ？」と聞いたらどうでしょうか。

「……い、いや。なぜって言われても……。そうね……。釣りが昔から好きだったから、かなぁ…」

「どうして好きだったの？」

「……え!?　いや、親がよくつれてってくれたし……」

「何でつれてってくれたの？」

「……。わ、わからないよ、そんなの……」

「なぜ、分からないの？」


おそらく、いや、きっと相手はキレます。

「いつ」や「どこ」などと違って、この**「なぜ」だけは、深く考えないと答えが出ない質問**。そのため、会話の雰囲気が沈んでしまうのです。

さらに、やや相手に否定的なニュアンスを感じさせる質問でもありますので、**会話においては、あまり使わない方が無難です**。

「もちろん、カウンセリングなどではこれを逆手にとって、あえて相手の深い部分にまで切り込んで行くこともできるのだけど……。普段の会話ではそうそう使わない方が無難ね」

「わかりました！　『開いた質問』は『5W1H』ですが、普段の会話では『4W

1H』で回した方がいいわけですね」

「その通り！」

キッカケづくり、しようね

これは会話を回すとき以外に、『最初の一言』でも使えます。

たとえば待ち合わせ場所で誰かと会ったとします。


「どうも」

「あ、どうも！」

「……」

「……」


というように、会話が止まって沈黙が流れてしまうことは多いはず。

こんなときも、この質問です。

「今日はここまでどのくらい時間がかかりましたか？」（HOW LONG）
「今日の日中は何をされていたんですか？」（WHAT）
「今朝は何時に起きたんですか？」（WHAT TIME）
「今日はどうやってここにいらしたんですか？」（HOW）

など、何でも構いません。
ビジネスの待ち合わせでもデートでも使えますので、どうか覚えておいてくださいね。

また、たとえば「何でもいいから、いま話を聞かせてください」と言われたりしたら、あなたは困るはず。
しかし、「子供のころの運動会にまつわる話をしてください」「初めて好きになった人について教えてください」「いまやっている仕事について、カンタンに教えてくださいというように具体的に聞かれれば、あなただって話しやすくなるはず。

どんな人だって、心の中に、たくさんの話題があるものなんです。それまでの人生の時間なんて、誰にでも平等です。**話題が豊富な人も少ない人も、じつは知識量の差なんて、ほとんどありません。**僕はそう思っています。

ただ、それをうまく出せるか出せないか。

キッカケさえあれば、どんな人だって、いろいろな話をすることができるはずなんです。

「自分は話題がない！」

「じつは会話って苦手なんだ……」

こんな風に悩む必要はまったくありません。

大事なことはただ、「キッカケ」をつくってあげること。
それだけで会話はいくらでも広がるものなのですから。

言った
じゃん!
ギャー
は!?
いつどこで誰が!?
何時何分何秒!?
ギャー
ナイス
テクニック
少年!
グッ

あしたのための処方箋

その4　会話で詰まる人は、「4W1H」を心がけるべし!

その5　「いつ?」「どこ?」「誰?」「何?」「どのように?」という質問を思い出して、会話中にどんどん聞いてみるべし!!

その6　時に自分の感想を挟んでいけば、会話はずっと盛り上がったまま!!!

第2章◎悲しいくらい最後までもたないのはなぜ？

(×。×;)

カルテ
No.03

終わりで終わらないために

その日、僕は何だかアパートに帰りたくありませんでした。当てもなく街を歩いているうちに、気がつけばまたあの店の前に立っていました。

「あ、いらっしゃいませ。ご主人様ー！」

「こ、これは……？」

「今日は、メイドデーなのよ。ここはコスプレのお店だから」

メイドの格好するには、ちょっと無理があるような……。

僕は心の中でそう思いました。

「あら……、何だか今日はちょっと元気がないような……」

あぁ、気づいてくれるんだ！

僕は自分の目が潤むのを感じました。

「いや私の気のせいか。まぁ、元気そうで何より！」

僕は違う意味で涙目になりました。

最初から出しちゃダメ！

「そういえば、一昨日一緒に食事した女の子とはどうなったのかな？」

「な、何でそんなこと知ってるんですか⁉」

「いや、駅前のマック、外から丸見えなのよ……」

「うぅ、じつは食事中あんまり会話が盛り上がらなくて、気まずいまま別れちゃったんです……。結局、彼女とそのあと一言も話してません……」

「そうなんだ……」

「ええ……」

「でも、それは本当に会話だったのかな？　単に京人君が勝手に彼女の隣に座って、独り言をしゃべっていただけという可能性はないのかしら……？」


分析は本人のいないところでお願いします。


「お昼休みにたまたま外で会ったから、一緒に食べようって誘ったら笑顔でＯＫしてくれたんですよ」

「なるほど。じゃぁ食事に行くまではそんなに悪い印象を持たれていなかったわけね。まぁ、マックに誘うってのは正直どうかと思うけど」

「うぅっ……」

「ちなみに彼女とは食事中どんな話をしたのかな？」

「えっと……、前からずっとお話したいと思ってたので、まずそれを伝えたんです。でもそのあと会話が続かなくなっちゃって……」

「京人君はあれかな？ いま流行の〝草食男子〟とやらのキャンペーンボーイでもやっているの？」

「草食系男子は恋愛下手とは意味合いが違う気がします……。だって僕は勇気出して食事に誘ったんですよ！ それにずっとお話したかったってアピールも……」

「それが駄目なのよっ‼」

「ひっ！……」

緊張してもイイかも

「……やっぱりそんなこと言わなければよかったんですか？」

「いえ、それも違うわ。自分の秘密や、気持ちを打ち明けること……これを心理学では**『自己開示』**と呼んではいるけど」

「は、はい……。多分気持ちを打ち明けたほうが親近感は増しますよね？　だから僕……」

「じつは米国の心理学者のアーチャーが行った実験にこんなのがあるのよ。アーチャーは多くの男女に
A『二人で話を始めてすぐに自己開示させる』

B『話が終わり近くなったときに、自己開示させる』

という二つのパターンで会話をさせたの。ちなみに被験者は全員初対面だと思ってね」

「はぁ」

「AとB、どちらの方が相手の好感度が高くなったかわかるかな？」

「え、Aじゃないんですか？　やっぱり最初に自己開示をしたほうがリラックスして……」

「『初めまして‼　多重債務者の、山田三郎です‼』」

「？」

「どう？　山田三郎さんと話、はずみそうかしら？」

……何で借金まみれの山田さんがそんなに元気なんですか。

「確かにちょっと反応に困りますね……」

「でしょう？　相手のことを知らないのにいきなりディープなことを言われても、ほとんどの人が反応に困るわよね。逆に**ある程度、場の雰囲気が温まれば、たとえ自己開示をされても、すんなり受け入れやすくなるもの**なのよ」

「まぁ、そうかもしれません……」

「実際、この実験では、Bの〝話が終わり近くなったときに自己開示させる〟の方が好感度が上がるという結果が出ているわ」

「じゃぁ、前から話したかったってことは別れ際に伝えたほうがよかったんですね」

「えぇ、**特に会話の終わり近くの言葉というのは、強く印象に残るもの。『ピーク・エンドの法則』**という心理学用語は聞いたことある？」

「い、いえ」

「**相手にとって深く残りそうな言葉は、最後に伝えた方がいい**ということよ」

「な、なるほどぉ。……でも会話も全然盛り上がらなかったし、どっちにしても無理だったんじゃないかとか……」

「最後に自己開示を行うことにはもう一つメリットがあるのよ。沈黙が重くなったり、口を滑らせたり、会話の最中に何かうまく行かないことがあったとしても、**最後に『じつは前からお話したかったんです』と言うことにより、相手は『あぁ、緊張していたのかな?』と、いい印象に受け取ってくれるもの**なの」

「‼」

「別れ際の言葉、たとえば故郷から出発するときの言葉、友達との最後の挨拶など、**最後の言葉というのは、非常に相手の気持ちに強く残るもの**なのよ」

「なるほど」

「どんなにそれまでの印象が悪くても、最後の言葉さえ優しく、嬉しいものなら、相手のイメージは、すご〜くよくなるものなの。それに裏を返せば、会話の最後にひどい言葉を投げてしまえば、それまでの印象がどんなによくても、印象が悪くなってしまう危険性があるわけ」

「な、なるほどぉ……」

「ねぇ、いまの私って、かなりかっこ良くなかった? もう一度言ってみるわね。

別れ際の言葉、故郷から出発するとき言葉、友達との……ちょっと、聞いてる京人君、こらっ、京人！」

何はともあれ、終わり方はとっても肝心なんだ……。

そう痛感した僕でした。

ではまた、おでん
プシュ
ガタンッ
…おでん？
「お電話しますね」って言おうとしたのに――！

あしたのための処方箋

その7　会話の始めに自己開示は控えるべし！

その8　言いたいことは会話の終わりに伝えろ!!

その9　会話が盛り上がっていなくとも最後で逆転の可能性は十分ある!!!

カルテ
No.04

早くて短いのがイイ

最初にどんなことしてる？

その日、店内には大きな釜がありグツグツと音を立てて怪しい赤色の液体が煮込まれていました。彼女は、黒くて大きな帽子とマントを身にまとい、幾分無理のあるミニスカ姿で僕の目の前に現れました。

「いらっしゃ〜い！　今日はどんな魔法をかけて欲しい？」

「……？」

「今日は魔女デーなのよ」

うん。よくもまぁ、次から次へと。

というか、現実にない職業の時点で、すでにネタが尽きてきたんでしょうか。


「今日は何を飲む?」


……と言うか、何があるのかを逆に聞きたい。

僕はそう思いました。


「今日は何があるんですか?」

「赤色の液体」

「それは、何なんですか?」

「魔法の液体」

「い、一体飲むとどんな効果が?」

「飲むと魔法にかかって、しばらく起き上がれなくなるの」

うん、それは毒ですよね。

僕は心からそう思いました。

「謹んで、遠慮させていただきます」

「そう？　残念ねぇ」

「で、今日は悩みがあるんですけど、いいですか？」

「もちろんOKよぉ～ん」

「じつは、最初のデート、もしくは仕事の打ち合せで会ってくれても、次に会ってくれないということが本当に多すぎるんですよ……」

「いつも次がない、という悩みね」

「はい……」

「それ、私らも死活問題なのよっ！　初回料金しか入らないし……。この商売、何度も通わせてナンボだっていうのにっ！　まったくもうっ……」

うん、そうですか。

「コホン。……話戻すわね」

「そうしていただけるとありがたいです」

「じゃぁ、とりあえず恋愛の話からね。京人君はまず、最初のデートで、どんなことをしているのかな？」


その質問に僕は考えながら答えました。


「たとえばドライブとかでしょうかねぇ……」

「車なんて持ってたの？」

「いや、レンタカーで」

「……」

「……」

「まぁ、時間もったいないから、話を進めましょう。他には？」

「あとはやっぱり、夜景の見えるところに行こうとしたり……」

「ふんふん」

「やっぱりテーマパークはハズせませんよね。カップルの仲を高めるキャンペーンみたいなのもありますし」

「最初のデートで？」

「えぇ、最初が肝心ですしね」

「いますぐ天日で干《ひ》からびなさい！」

僕、干物ですか。

「では今日は京人君に最初のデートの秘訣を教えてあげるわ」

「は、はい」

「いい？　**最初のデートは、長くても基本的に二時間以内に切り上げるべきよ！**」

「えっ⁉」

「時間帯も夜である必要性はないの。それこそ昼にお茶やランチを一緒でも、まったく構わないわ」

「ええっ⁉」

「というか、その方がずっとずっといいの」

「そ、そうなんですか⁉　でもそれじゃ、恋が進まないのでは……」

「いい？　最初は単なる顔見せでいいの。初心者が一気に何歩も進む必要はないし、それは不可能よ」

「初心者、ですか」

「違うの……？」

「まったく否定できません」

「うん。自分をわかってるわね」

「……」

「実際に**最初こそ、京人君がさっき言ったように何より重要なの**。特に相手が女性なら警戒心を抱いていて当然なんだし。そんなとき京人君が突然お酒を飲んで夜遅くまで一緒にいたいオーラなんて出したら女性はどう思う？」

「……」

するなら昼にして！

「京人君は三国志の天才軍師諸葛孔明の話を知ってる？」

な、何、突然のシブい例示。

「君主である劉備は、孔明を三回も訪ね、それによって彼の気持ちを得て、配下にすることができたのよ。この故事を、何と言ったか知ってるかしら？」

「確か、『三顧の礼』ですよね」

「そうね。だけど劉備が一回目で、『絶対に配下になれ！』と言い、力ずくでも従わせようとしていたらどうなっていたと思う？」

「たぶん、ムリですよね……」

「それと同じこと。**初回からいきなりバンバン！　と迫るのはかなり女性の印象を悪くさせてしまうもの**なの」

「なるほどぉ……」

「いずれにしても、初心者はとにかく、**最初は短く、アッサリとデートすることが大切**なのよ」

「……」

「さらにここには、大事な点が三つあるの」

「三つ？」

「一つ目！　相手が女性なら『迫られる……？』と考えていることもあるわ。そのため、短時間で『じゃあ……』と帰ることで、逆に予想外に感じて、『え、少しは迫って欲しかったかなぁ……』と考えてしまう可能性があるの。逃げられれば追いたくなるのが人の心理ってわけね」

「そうですね……」

「そして、二つ目！　短く会う場合も、『相手を褒めること』『好意を口にすること』『話を聞くこと』などの会話の基本は忘れないで！　ってこと」

「え？」

「『言葉で嬉しくさせるけど、時間は短く切り上げる』。これによって相手は、『あ、嬉しくさせてくれるのは、下心によるものではないんだ』と思い、純粋に感激してくれるの。逆に強引に迫ったりすると、『あぁ、やっぱりそのためだったのね』と考え、京人君の印象は悪化するのよ」

「ははぁ……」

「そして、三つ目！　京人君は『夜目遠目、傘の内』という言葉を知ってるかな？　夜だったり、遠くにいたりする相手だと本人をよく見ることができないってことだけど、夜に相手を見ることで、無意味に相手を過大評価してしまうことすらあるの。京人君も経験ないかしら？」

「ど、どうでしょう……」

「あるでしょう⁉　クラブの暗い中で見たオトコが昼に会うとビミョーだったり、リゾートで出会ったオトコが、都会で会うとかなり難有りだったときとか、あるよね？　ね？」

「……」

「いずれにしても夜だと相手の本質は見抜けないもの。それこそ**長期的に恋愛をしたいなら、昼に会って、相手の性格などを見極めることが大切**なのよっ！」

「なるほどぉ……」

「さらに四つ目！」


あ、あのぉ、三つでは。


「そもそも人間の集中は一時間半くらいしか持たないわ。二時間以上同じ相手といると、絶対に飽きてくるものなの。特に相手の性格もわかりにくい初回デートなら、なおさらよ。だから**相手が疲れてしまわないうちに切り上げることがとっても大事なのよ**」

「……わかりました」

「このように最初はなるべく早い時間に会うこと。そして時間的にも早く切り上げて、お酒をなるべく飲まないこと。軽食や喫茶店などで終えることが大切。ここまではOKかな？」

「はい」

「ただそこまでわかっていても、男性というのは、相手とうまく話が進むと、『もっとイケるのでは？』『もっと進めるのでは？』と考えてしまう悲しい生き物なの。そのとき、いくら理性で『ダメだ！』と言っても、行動は伴わないわ。経験あるよね？」

「……ま、まぁ……」

「だから**デートの約束の段階で、そもそも昼間に設定する、時間を区切って宣言しておく、などの行動が大切**よ。『今日は○時には会社に戻らないと……』、『今回は△時までしかダメなんだ』というようなセリフがいいわね」

「……よ～っく、わかりました……」

「いずれにしても、すべては相手と関係をうまく行かせたい、長期的なおつき合いを考えている、という気持ちがあってこそ可能な行動よ」

「はい……」

「こんな工夫でも効果は十分にあるはず。たった一回、ほんの少しのプチデート。それを最初にもってくるだけで、二人の関係は、そのあと加速度的に変化するはず」

「な、なるほどぉ」

「……」

「……？」

「ちなみにホントのこと言っちゃうと、私は二時間経つまでもなく、話に疲れちゃうんだけど、そんなときはどうすればいいのかしら？」

それは明らかに僕にするべき相談ではないと思います。

「だからそろそろ、帰ってもらえるかな？」

ウソでもいいので、もう上がりの時間だからとか、にしていただければ幸いです。

そんな気持ちになりつつも、僕はグラスを空にしました。

仕事も最初は短くね

これはビジネスでも応用可能です。まず**最初の打ち合せでは、とにかく〝長くな**

りすぎない〟ことが肝心。

ビジネスの場合でしたら、とりあえず三十分以内にしてみてはいかがでしょうか。「今回はごあいさつだけで……」と言いつつ、本当に短い時間だけでも十分ですから。

こうすれば「あれ、これで終わっちゃうの？」というように、相手の中に逆に残念な気持ちをつくることができます。

また時間の設定の際に「三十分（または十五分）でも構いません」と言えば、相手は「それくらいなら……」と思って、ＯＫしてくれるものです。

実際に心理実験で、こんなものがあります。

Ａ「いくらでもいいので募金してください」

Ｂ「50セントでもいいので募金してください」

このように頼むと、Ｂの方が明らかに募金率が上がったのです。

「いくらでも」と言われると、人はつい迷ってしまいます。しかし、「50セント」とあえて少ない金額を提示されることで、「あ、それでもいいんだ」と安心して募金できるわけです。

さらに実際に募金してくれた額は、Bの方が多くなりました。小さく設定したからといって、本当に50セントしか払わない人はとても少なかったのです。

ですので**あなたも、とにかく最初は「小さく」提案すること。**

急《せ》いては事を仕損じる。

最初はライトな、ちょっとしたことが効果的なのです。

ですから、みなさんも初めからエンジン全開なのは控えてみてくださいね。

ダメだ
物足りない！
延長で！
延長で
お願いします！
ざわ
ざわ
誤解を招くような
言い方しないで!!

あしたのための処方箋

その10　初回のデートは昼間のプチデートを心がけるべし！

その11　引かれると押してみたくなる人間心理を活用し、最初は押し過ぎないこと!!

その12　短く会う場合も褒め言葉を忘れない!!!

その13　夜より昼間会う方が、等身大の相手がよく分かり、長くつき合う上では効果的!!!!

カルテ No.05

ユーモアいっぱいってどうなの？

僕が店に入った瞬間、ウェディングマーチが流れていました。
そのとき、彼女が真っ白なウェディングドレスに身を包んで、僕の横からいきなり腕を組んできました。

「さ、行きましょう」

「え、え!?」

バージンロードのような絨毯を踏みしめて歩くと、目の前には神父のカッコをした男性店員がいました。

状況が飲み込めない僕を尻目に、彼は聞きました。

「あなたは健やかなるときも病めるときも、この女性を指名し続けることを誓いますか？」

それは、どうだろう。

僕は心からそう思いました。

「誓うし、誓わせるわ！」

え、何、勝手に。

「それでは、チップの交換を」

何、この神聖さのカケラもない儀式。

「それじゃくださいな」

「……」

僕は仕方なく、サイフから千円札を出しました。

「わぁ。ありがとう！」

「……僕のは？」

「紙でつくったお札でいい？」

そんなことかと思いました。

「あの、これは……」

「今日は花嫁デーなのよ」

こんな嬉しくない結婚式見たことないし、出たくもない。

イカせて私をカリフォルニアに

「じゃ、今夜の話は『初対面とユーモア』ということでね」

「……なかなか面白そうなテーマですね」

「そう思っていられるのもいまのうち」

「へ？」

「では、始めるわね。それは２００１年のこと。心理学者であるゲガンは、サクラで雇った男女に、ヒッチハイクをするように指示しました。季節は夏。場所は交通量の多い道路だった」

「はい……」

「暑いし、排気ガスすごそうだし、日焼けしそうだし、絶対にやりたくない実験よね」

「うん、うん同感です」

「とにかく彼らは手に行き先を書いたパネルを持って、どれだけの車が止まってくれるかを調べたのね。この際、パネルに、こんな風にAとBのパターンの書き込みをしたの。

A　カリフォルニアまで行きたいです

B　カリフォルニアまで行きたいです(^。^)

という風に」

「ど、どういうことですか？」

「すなわちAはノーマル。Bは、最後にニコニコマークを書いたわけ。さてこのとき、車が止まってくれる率はどちらの方が高かったと思う？」

「……ニコニコマークがあった方、かな？」

「どうして？」

「だって、いや、ちょっと面白いから。……ん？」

「それは、ヒッチハイカーが男性、女性、どちらであってもそう思う？」

「……え!?」

「まずね、そもそも女性ヒッチハイカーの場合は、男性ヒッチハイカーに比べて、乗せてくれる率が高かったの。これはまぁ、納得よね。京人君でも、そうするでしよ？」

「はい。絶対そう思います」

「でも、ここから先が面白いの。AとBの差が、男女で違ったのよ。

ヒッチハイカーが男性の場合 ☞ AよりBの方がよく止まった

ヒッチハイカーが女性の場合 ☞ BよりAの方がよく止まった

となったのよ！」

「は!?」

オトコって難しいの？

「ヒッチハイカーが男性の場合、ニコニコマークによって『ユーモアがある』と見なされて、車を止める人が多かったの。だけど、女性のヒッチハイカーの場合、その『ユーモアがある』というのが、マイナスに見られてしまったということなの。ヒッチハイカーを乗せる車はたいてい男性ドライバーよね。女性が見知らぬ人を乗せるなんてほとんどないだろうしね。つまり**ドライバーの男たちにとって『ユーモアがある女性』というのは、あまり支持を受けなかった**のよ」

「……」

「ここからは推論なんだけど。男性は、ユーモアのセンスを女性にあまり求めていないのかもしれないわ。それどころか『ユーモアにあふれる女性』ということで、ちょっとだけ警戒してしまったのかもしれないわね」

「な、なるほど……。確かに、たとえば合コンとかでも、最初からいろいろウケを取ろうとする女性というのは……。ちょっと違うかな、って思うことってありますね……」

「えっ、あるの？」

「まぁ、人に聞いた話ですけど」

「人に？」

「……すみません、実際はそんな体験まるでありません……」

「それでいいのよ」

「……」

「一般的に、男性のお笑い芸人はモテるわよね。おそらくつき合いたいという女の子も多いんじゃないかしら。でも、女性のお笑い芸人とつき合いたいと思う男って、あまりいない。それは、このことが原因かもしれないわ」

「……ど、どうしてなんでしょう？」

「実際、ユーモアには二種類あると思うわ。『自虐的なユーモア』と『知性的なユーモア』ね。『私ってこんなにダメでね』というのは自虐的なユーモアで、『機転を利かせたことを言う』のが、知性的なユーモアよ。前者の根底にあるのは、『相手は自分より下である』という安心感。たとえば『ものすごく大金持ちでイケメンで人生に失敗したことのない男』が、自己紹介をした上で自虐的なジョークを飛ばしても、誰も心の底からは笑えないわよね」

「と、とっても同感です」

「逆に、『お金がなくて、ぜんぜんモテない』という男性が、自分のいまの状態を笑いにしたら、笑うことができるのではないかしら？」

「そうですね」

「しかし女性の場合は、ここに落とし穴があるの。**女性があまりに自虐的なジョー**

クを飛ばすと、男性は『この女性はものすごく下なのでは？』と思って、つい恋愛対象ではないと感じる可能性があるのよ」

「ふうん……。じゃあ、逆にその女性が、知性的なジョークを飛ばした場合は？」

「ここは重要。知性的すぎるジョークを女性が言うと、男性は、『この女は自分より知性面が上なのでは？』と感じる可能性があるもの。**しかし男性は、今度はあまりに自分より上に感じる女性を、敬遠してしまう傾向もある**わ。特に知性面に対してプライドを持っている男は多いので、さらにショックに感じる可能性があるのよ」

「……男って、難しいモンなんですね……」

「えぇ。京人君も男だと思うけどね」

「すっかり忘れてました」

「……。すなわち、私も」

「は？」

「いろいろと男性をゲットするためと思って、お笑い的な要素を身につけてきたのが、正直、逆効果だったのかもしれないわ……」

「……」

「ま、いいんだけどね」

……切ないですね。

人それぞれ違うの？

「ちなみにコレは、メールで使う顔文字などの場合は、話が別だと思うわ。メールでの顔文字は、女性だったら、誰でも使うものよね。そのため、顔文字を使うことによって、『女性らしくない』とか『ユーモアがある』って感じる男性はいないと思うわ。このヒッチハイクでは、普通はニコニコマークなんてつけないのにもかかわらず、それを書いたところが、何か特別なものを感じさせたのね」

「確かに……わかる気がします」

「なので**女性は、ウケのために、何か特別すぎることはしない方がいい**かもしれないわ」

「特別すぎる何かって、たとえば何ですか？」

「相手の誕生日に、あえて忘れていたフリをするとか」

「……」

「お正月の年賀状で、あえて予想を裏切って白紙で送ってみるとか」

「……」

「バレンタインに、ウケ狙いで、『おっぱいチョコレート』を贈るとかね」

「……」

「どれも、ダメだったわ」


……やったんですか。


「まぁ、個人的には、失敗だったとは思っていないけど」

「結局思ってないんですね」

「……いずれにしても、女性の場合、初対面で相手をあまりに笑わせようと思うのは危険かもね」

「な、なるほどぉ……」

「これは、男性でも同じかもしれないわ。ジョークというのは、すご～く難しいもの。とくに『笑いのツボ』が違う人って、結構多いわよね」

「確かにお笑い芸人ってたくさんいますけど、『どこが面白いのかまったくわからない芸人』って、すごく多いです」

「そうよね。でもその芸人とかも、ちゃんとファンがいるわ。**つまり人の笑いの好みって大きく違うもの**なの」

「なるほど、なるほど」

ネコになってみて……

「実際に、たとえば中年男性で、オヤジギャグ言う人ってたくさんいるわ」

「いますね、とても」

「私たちがそんなジョークを面白いと思えないのと同じように、彼らにも私が面白いと思うジョークを言っても、通じない可能性があるわ」

「た、確かに……」

「だから、初対面でジョークを言うのは非常に危険なのよ。ウケない場合は非常にキツいし、ウケたとしてもさきほどと同じ考えで、『自虐ネタを話したと言うことは、非常に下の存在ということ？』、『知性的なジョークが面白いけど、ちょっとイヤミに感じる……』と思われる可能性すらあるから。とくに相手が男性なら、要注意ね」

「は、はい。じゃあ、どうすればいいんでしょうか？」

「それこそが、ウケること」

「え⁉」

「**『面白いことを言う』よりも、『面白い！』と褒めてあげた方が、相手にとって無難かつ嬉しいもの**なの。『あなたと話していると面白い』というメッセージにもなるし『あなたのジョークは面白い＝あなたはとても知的である』ということを伝えることもできるわ。そしてこれは相手にとって何よりも嬉しいことになるの。そしてジョークに限らず普段の会話でもポイントは同じこと。**とにかく相手の一つひとつの言葉に対して、笑顔を浮かべること。**たったこれだけで相手は嬉しく感じるものなのよ」

「‼」

「もちろん、ある程度、互いに気心が知れた関係なら、ユーモアがあっても、すごくいいことだと思うわ。ただそれまでは、あまり露骨に自分からウケを取ろうとするのは待った方がいいかもね」

「な、なるほどぉ……」

「特に男性って、基本的に、『従ってくれそうな相手』を好むのかもしれないわ。だからこそ、いろいろと喋りすぎたり、または自分よりも面白いことをたくさん言う相手というのは、見てて楽しいと感じるかもしれないけど、深い関係になることには、幾分不安や面倒さを感じてしまうのかも」

「う〜ん、なるほど」

「だから、男性を相手にする全国の人にアドバイスをするならばね……」

「……」

「まずは『ネコをかぶること』よっ！」

「本質を変えろ、じゃないんですね、ち〜っとも」

「まぁ、本質なんてそうそう変わらないし」

……あらゆる意味で、魂に響く実体験、本当にありがとうございました。

やっぱりボディランゲージ！

今回のお話は、あなたが男性でもまるで同じです。

この「ウケる」というのは、結構難しいこと。特に初対面の場合、相手に気を遣って、ウケたフリをしなくてはならない可能性だってあります。

ですから、**最初は相手の反応を見ながら、とにかく笑顔で聞き役に徹すること**。

これこそが初対面での王道です。

さらにこれは「笑い」ではなく「感嘆」や「賞賛」でも同じです。

素晴らしいことを言って、相手に賞賛されよう。目も覚めるような企画や話で相手を驚かせ、自分を尊敬させよう。こんな風に思えば思うほど、その気持ちは空回りしてしまいます。

とくに「よく見せよう」という気持ちが強いほど、緊張も強まって、うまく話せなくなります。心理学では対人コミュニケーションでは、**「メラビアンの法則」**と呼ばれるものがあります。人と人とのコミュニケーションにおいて、重要度はこのようになる、という法則です。

ボディランゲージ　55％

声の質　38％

話の内容　7％

もちろん話の内容自体が7％しかない…というのはやや言い過ぎのような感じがしますが、**何より「ボディランゲージが重要である」というのは事実だ**と思えます。

話そのものでうまく相手を動かすよりは、とにかく快活に話したり、受け入れている雰囲気を伝えたりする方が、相手にとってはよりインパクトが強くなります。

よって**大切なのは、まず自分から相手の話を賞賛したり、驚いてみせたりすること**。

これなら相手は嬉しくなって、あなたの話も聞いてみようと思えてくるものです。

どうぞ覚えておいてくださいね。

あの…
なんで頭に
ネコ乗せてるん
すか…
ビクビク
ハハハ
面白い

あしたのための処方箋

その14　初対面では受けを狙いすぎるな！

その15　最初からジョークを言うより、
相手の言葉一つひとつを
笑顔で聞くべし!!

その16　喋り過ぎないようネコをかぶり
相手の話を面白がってあげよう!!!

第3章◎しょっちゅう間が悪いのはなぜ?

f(´ω`;)

カルテ No.06

目隠しして握ってみて

その日、志穂さんは赤いハカマをはいてやって来ました。

「ようこそお参りくださいました」
「一体何ですか、その出で立ちは……」
「今日は神社デーなの」

神さまへの冒涜《ぼうとく》もいいとこだ……。

「今日は、そうね……ジンジャエールでも飲もうかな」

え、当然のように注文⁉

しかも神社でジンジャーってダジャレですか⁉

「京人君は……」

「あ、じゃぁ僕はカルーアミルク……」

「カッコイイと言われたことはある？」

いつも通り唐突に志穂さんは続けました。

「〝カッコ（どうでも）いい〟の（どうでも）の部分の略で、〝カッコイイ〟じゃないからね」

……あの、まずはオーダをさせてください。

「それはゲームの中じゃなく、現実世界での話だからね」

せめて返事をする間を僕にください。

それと、烏帽子をかぶったボーイさんも哀しい目でこっちを見ないでください。

「あまり、ないです……」

「そうでしょうね。そんなルックスに自信がない京人君が、女の子にモテるにはどうすればいいか聞きたいかな？」

「え……!?」

二人になったら握ってみて……

「とにかくまずは想像してみるのよ、モテモテでイケイケな自分の姿を」

志穂さん、〝イケイケ〟って相当古いです。

心の中でそうツッコミながらも、僕は考えうる最高にモッテモテな自分の姿をイメージしてみました。

カップルで溢れかえる遊園地を、女の子といっしょに歩けたらなぁ……。

手もつないじゃったりして！

あぁっ、考えるだけで恥ずかしい‼


「どう？　聞きたい？」

「はい⁉　どうすればモテるんですか⁉」

「それはね……」


ごくり……。

「**二人きりになって手を握ればいいの**」


なるほどぉ‼

……って責任者は一体どこですか⁉

「あの、それができれば最初から苦労しないんですが……」

「まぁ、とにかく聞いて」

「はぁ……」

「じつはこんな実験があるの。ある実験で、実験者は被験者同士に次の三種類の方法で会ってもらって、相手の印象を聞いたの。

1.　目隠しをして会話だけする

2.　目隠しをして会話をしないで握手する

3.　会話も握手もしないで相手を見つめるだけ

この三つのパターンよ」

「どれも犯罪の匂いがするんですが」

「この中で被験者に最も好印象を与えたのはどれだかわかるかな？」

「そうですね……やっぱり1じゃないでしょうか。会話が盛り上がれば印象も良くなるでしょうし。握手したら馴れ馴れしいとか思われそうだし……」

「ふぅー……」

志穂さんは深いため息をつきました。

「だ・か・ら、あなたはいつまでたっても京人なの！」

いや、そんな名前を悪口みたいに言われても……

ただ触っただけで……

「で、結果はどうだったんですか？」

「じつはね、**2の目隠しをして会話をしないで握手する場合だけ〝温かい〟とか〝信頼できる〟と評価されて好感度が高くなった**のよ」

「会話もしてないのに、ですか⁉」

「加えて被験者の半数が『相手とまた会いたい』と言ったそうなの」

「ええっ‼」

「会話というのは、聴覚刺激のこと。見つめ合うのは、視覚よね。それよりも、**握手という〝感触〟の方が、ずっとずっと相手への好感度を上げた**というわけ」

「へぇ……」

「あなたはさっき会話が最も好印象を与えると言ったけど……」

「はい」

「あなたの話術ではまず無理でしょう」

的を射《い》た余計なお世話です。

「……じゃぁ、3の〝見つめる〟はどうですか？　僕いつも話しかける勇気がなくてそうなって……」

「まったく、の○太君以下ね……。見つめ合ったりしたら、印象はルックスに大きく左右されちゃうでしょう?」

「うぅっ！」

「ところが、手の感触だけなら京人君だろうと福山雅治だろうと、それほど差はないのよ、わかる？」

「確かに……！」

「まぁ私は残念ながら福山雅治の手を握ったことはないけれど」

普通誰もありません。

ってゆうか、あるとしたらどんなシチュエーションなんですか。

「触わられた人は、それだけで、相手の判別は不可能よね。それでデートの約束をするとしたら、やみ鍋で何でもかじるようなものよね」

……一体どんなたとえですか、僕とのデートは……。

「でも手の感触だけじゃなきゃ、女の子とデートの約束できないでしょう？」

「はい」

うううっ、反射的にうなずいていました。

どうしても無理なら守ってみて

「うーん……でも、その、手をつなぐのだって難しいと思うのですが……」

「これはカラオケでもなんでもいいの。隣に座って、**これからいい雰囲気にしたいときにはとにかく手を握ること**！　触覚にうったえれば、ルックスが多少悪くても〝大逆転〟することだって可能なのよっ‼」

「で……でも自然に手をつなぐなんて無理ですよ……」

「まぁ京人君のベタベタした手に触られたら、それこそ一一〇番されてもおかしくはないけれど……」

ススメといてそれですか。

大体僕の手、握ったことないじゃないですか。

「確かにこれは一見堂々巡りにも思えるでしょうね。女性に好かれるためには、触れるのがベスト。触れるためには女性に好かれていないといけない」

「はい……」

「ところが、ここには抜け道があるのよ。女性が男に触れられてもイヤだと感じないケースが、一つだけ……」

「えぇ⁉」

「たとえば飲み会だったら、二次会で別の店へ移動することもあるでしょ？　大体夜の繁華街は酔っ払いもいるし、車も通るよね？　ぶつかりそうになったときに、女性をかばう形で肩を引き寄せたりするのよ。〝守ってくれたんだ〟と思えば、女性はそう不快には感じないもの」

「そ、そうなんですか⁉」

「この男に肩抱かれるくらいなら車に轢かれたほうがマシ‼　……ってケースも考えられなくはないかもしれないけど」

どうしてそんなにまっすぐに僕の目を見るんですか。

「好かれても嫌われてもいない普通の間柄だとしたら、これは結構有効な手段ね。下心は持たない……のは不可能だとしても、極力隠しておけば問題はないでしょう。もちろんナチュラルに手を握れるのならばそれがベスト。逆に言えば、**自然に手を握るためには、〝その前のステップで何をすればいいのか？〟と考えること**。これならば自然とデートのプランを組み立てていくことができるでしょう？」

「なるほどぉ……」

「**恋愛のゴールの一歩手前は〝手を握る〟こと**よ。これはぜひ覚えておいてねっ！」

「はい‼　……あ、そろそろお会計をお願いします」

「はぁ～い。初穂料ドリンク込みで四千五百円になりまーす♪」


ああ、神社デーまだ続いてたんだ。

あしたのための処方箋

その17 二人になったらなるべく手を握るよう心がけるべし！

その18 どうしても抵抗があるのなら、車が多い道などで挑むこと!!

その19 デートでは、手を握るためにどうすればいいのかを考えてプランを立てるべし!!!

カルテ No.07

メールも間違った方がいい!?

お店に入ると、エプロン姿の志穂さんがいました。

でもメイドにしては格好がちょっと地味なような……?

「♪お帰りなさ～い、あなたぁ～。今夜はご飯になさる? ライスになさる? それともオ・コ・メ?」

「……きょ、今日は一体?」

「今日は新妻デーで～す」

「にいづまでー……」

「あっ、京人君、携帯機種変えたのね～」

「はい、これ最新機種なんですよ！　画面もキレイだしワンセグだし、それに……」

「ちょっと借りるわねぇ」

まるで話を聞くこともなく、志穂さんは僕の携帯を取って開きました。

「……今日機種変したのかな？」

「いえ、先週です」

「……〝受信メール七件までしか保存できない系〟の機種が最近の流行なのかな？」

何なんですか、その異様に長い〝系〟は。

「いえ、千件くらいは軽く保存できると思います……」

「しかもこれ、広告メールばっかりじゃない……」

「……」

「……」

♥渋谷の女子高生の選択肢

志穂さんはしばらく『考える人』のポーズを取ったあと、思い立ったように言いました。

「よし、いまからあなたに三つの選択肢を与えるわっ‼」

「は、はいっ⁉」

「アドレス帳はどうなのかな？　あぁっ、わずかながら女性の名前が入ってるじゃない、京人のくせに……‼」

「え？」

「あ、いやいや、ヒドイッ、ヒドイわあなた！　私というものがありながらっ‼」

まぁ、そんな思い出したかのように新妻に戻られても。

「じつは勇気を振り絞って、気になったお相手にアドレスは聞いてみるんですけど、メールを送ってもすぐに返ってこなくなっちゃうんです……」

「そんなら送っちゃえ！　しかもいま‼」

新妻は嫉妬するもんじゃなかったのか……。

「えぇぇ⁉　イヤですよそんなの……」

当然僕の意見はまったく聞き入れられず、志穂さんは鬼のような速さで携帯のメールを操作し始めました。

「うわぁ……、打つのメチャクチャ速い……」

「フフ……、かつて〝渋谷の女子高生〟と恐れられた私の腕前を甘く見ない方がいいわよ」

……単に渋谷で遊んでた女子高生は、ほぼ全員そう呼ばれてたんじゃないでしょうか。


「いま私が書いた、この三通の候補の中から返信するメールを一通だけ選んでみて」

「え……、本当に送るんですか？」

「一通目はこれね『**こんにちは、今日は何してました？**』」

「まぁ、普通ですよね……」

「二通目はこれ『**こんちには、京は何してました？**』」

「え？　これ、打ち間違えてませんか……？」


大丈夫なのかな……。

いや、でも恋愛にかけては志穂さんはプロなんだし……。

「三通目は……」

よし！　ここは三通目に賭けてみよう。

「『こんにちわんこそば！　今日は何してまちたか？』」

き、聞くだに虚しいっ‼

不完全なの、好き……

「この三つのメールの中で、心理学的に一番返事が来るのはどれだと思う？」
「絶対、一通目ですよ‼」
「ふぅん……それはなぜ？」
「だって、マトモなメールは一通目しかないじゃないですか‼」

志穂さんは深いため息をつきました。

「京人君は、『ツァイガルニック効果』というものを知っているかしら？」

「……？」

「未完成のもの、不完全なものに対して、強い興味が惹かれる心理のことなんだけれど……。たとえば、完結したドラマはよっぽど面白くなければ瞬時に記憶から薄れるわよね。でも、ラストを見逃したドラマや、まだ放映中のドラマは記憶にも強く残る……。それどころか、続きが見たくてたまらなくならないかしら？」

「た、確かにぃ……」

「これは、〝ツッコミ〟に関しても同じこと。**人は、相手のミスやボケに対して、ツッコミたくて仕方なくなるもの**なのよ」

「え、じゃぁ二通目はわざと間違えたんですか……？」

「もちろん。それに、人はミスをした相手に対して、ちょっとした親近感が湧いてくるものなの。だから**メールでは、意図的にちょっとした『誤字』や『変換ミス』を入れてみるのも一つの手**なの。相手はその部分に対して気になり、つい返事をしたくなるからね。その結果、メールが返ってきやすくなるのよ」

「では正解は……」

「そう、この中なら二通目の『こんにちは。京は何してました？』が正解。一通目の『こんにちは。今日は何してました？』はあまりにも面白味がないし」

「でもツッコミたい気持ちを刺激するなら三通目が一番良いんじゃないですか？」

「あぁ、三通目の『こんにちわんこそば！　今日は何してまちたか？』よね。……うーんとぉ……」

「え？」

「わぁ～、さすがに最新機種は感度がいいわねぇ～♪」


が～ん!!

画面には三通目を送ったという『送信完了！』の文字が表示されていました。

「確かにこれなら普通のメールよりも強いインパクトを与えることはできるわ。でも、じつは**〝意図的なギャグや赤ちゃん言葉〟は、逆にツッコミの気持ちはそんなに**

湧かないものなの。〝そういうのが好きなサムイ人〟と思われてお終《しま》いなのよ」

そこまでわかっていながらどうして⁉

僕はそう叫びたくなりましたが、あまりの衝撃に声になりませんでした。

やり過ぎには気をつけて

「……ただ、誤字もやりすぎるのは危険ね。〝単なるバカな人〟と思われてしまうわ。五回に一回くらいくらいがベストじゃないかしら」

ううっ、お願いだから僕の表情に気づいてください。

「どうしたの京人君。夏祭りの金魚すくいの金魚みたいに口ぱくぱくしてるけど？

あれれ、返信が……⁉」

……え、いまので⁉


「な、何て来たんですか⁉」

「『メール久しぶりで嬉しいにゃ～』。えぇ⁉　ずいぶんと良い反応じゃない」

「つ、続きは何て書いてあるんですか⁉」

「何なに……。『京人はもうおねしょを卒業しましたか？』……」

志穂さんが明らかに僕から身を離しました。

僕はあわてて自分の携帯の画面をのぞきました。

「あれ、これ僕の祖母です…」

「……え？　だって名字、『三重』ってなってるわよ？」

「母方の……」

「……」

「……」

「若いおばあちゃんね……。絵文字まで使って」

「はぁ」

「まぁ、いずれにしても、人はカンペキな人に気持ちは惹かれないものなの」


し、仕切り直してる。

しかも無理やり。


「とにかく、ちょっとした天然ぽさを演出するだけで、相手の親近感と気持ちは、大きく強まることになるのよ。覚えておいてね」

「は、はい」


さっきのメール送信は、明らかに〝ちょっとした天然〟の範疇を大幅に逸脱していたのでは？　そう思っても決して彼女には言えない僕でした。

い、一体何のメッセージなんだ、これは…!?
マリです。
お疲れ様と
お呼びなさい
です。
今週末もし
良かったかしら？
らお食事でも一生
地面　つく
ばっ　い。
にいか

あしたのための処方箋

その20　人は相手のミスやボケにどうしてもツッコミたくなるもの！

その21　ゆえに、メールなどでわざと誤字のものを送るのは効果的!!

その22　ただし、そんなアプローチも五回に一回くらいに止めるべし!!!

その23　逆に、人はあまり完璧な人間には惹かれにくいもの!!!!

カルテ No.08

何度もトイレに行っトイレ！

その日、店内に入ると、パトカーのサイレンが響いてきました。

この店にも、ついに手入れが。

想像はしていたのだけど、本当に来るとなると、感慨深いなぁ。

そう思っていると、突然婦警のカッコをした彼女がやってきました。


「逮捕しちゃうから！」

「⁇」

「今日は婦警デーよっ！」

「……」

あぁ。

何ていうかもう。

想像だけはしていました。

「ふぅ～、でも逮捕されるなら、男の警察官より、やっぱ婦警でしょ？」

「ど、同感です」

「じゃ、今日は〝初対面の場をより濃密にする〟こんなテクニックを教えてあげるわ」

何、いまの話の流れの無関係さ。

僕は心からそう思いました。

ちょっとトイレに行く理由

「京人君は、『トイレ』はお好き？」

「…は、はぁ!? まぁ、『大嫌い!』という人はいないと思いますが……」

「わぁ、よかった!」

「……とは言え『大好き!』という人も少ないと思うんですけど」

「え? 私は好きだけど」


うん。

まぁ、そういうものですか。

「まぁ、ごく一部のマニアな方などを除いて、あまり積極的にトイレについて語るのは恥ずかしいと思う人は、おそらく大半よね」


うん。

そこまでわかっていて、なぜ。

「でもね。じつは**恋愛やビジネスなどにおいて、『トイレ』というのは、非常に重要**

な意味を持つことを、京人君は気がついていたかな？」

「ええっ⁉」

「**じつはデートでは、積極的にトイレに立つ方がいい**のよ」


そんな。


「その理由は、三つあるわ」

「み、三つも……」


彼女が最初に話した一つ目の理由というのは、こんな話でした。

みなさんは『最上の食べ物』という話をご存じでしょうか。

徳川三代将軍である家光は、たいていの食べ物に飽きて、「もっともっとオイシイものが食べたい！」と言い出したそうです。

それを聞いたある和尚さんが、家光を自分のお寺に招きました。

家光がワクワクしながらその寺についたのは、午前十時。しかし和尚はいつまでたっても姿を現しません。
昼が過ぎ、時間はすでに午後四時になってしまいました。
そのときです。
和尚が、ある食べ物を持って現れました。
家光は大喜びでそれを食べます。

「う、うまいっ！　これは何て言う食べ物じゃ⁉」

するとと和尚は言いました。

「それはただの大根の漬け物でございます。お腹が減っているからこそ、そこまでおいしく感じたのだと思われます」

和尚の名前は、沢庵和尚。
そこからその食べ物は、『タクアン』と名づけられました。

「……と、まあ、そんな話なの」

「というか、とにかく和尚、勇気ありますよね。一歩間違えば打ち首のような気がしますけど」

「まぁ、そうよね。いずれにしても、とにかく空腹は最上のスパイスだと思わないかしら？　実際にその時代は、一日二食が当たり前。昼ご飯を食べることはマレだったから、そこまで激しい空腹ではなかったかもしれないけれどね。言い直すなら、『適度な空腹こそ、最上のスパイス』なわけね」

「は、はい……」

何度も見せてあなたのこと

ここで話をトイレに戻します。

バー、居酒屋、レストラン、もしくは喫茶店。

そのときに、とにかく一度はトイレに立つことです。

さすがにメインの食事が始まれば、トイレに立つのは微妙なことですので、飲み物でも飲みつつ、話をしているときなどがいいでしょう。トイレに行くことによって、相手はあなたのことを待つことになります。

当然ですが、いままで二人で食事やお茶やお酒を飲んでいたのに、突然一人にされて、寂しく感じない人はいないでしょう。

あえてトイレに消えることによって相手を一人にして、寂しさを感じさせる。その直後にあなたが戻ってくることで、あなたの存在をあらためて深く感じさせるわけです。

「すなわちあなた自身を『プチたくあん状態』にするわけね」

何ですか、そのミもフタもない表現は。

「これが第一の理由なのよ」

「は、はぁ……」

「二つ目の理由は、こういうものよ……」

心理学では、前にもお話した**『単純接触の原理』**というものがあります。

とにかく何度も顔を合わせているうちに、相手に対して強い親近感を抱いていく、という心の動きです。

そして、**人間は同じものをずっと見ていると、その刺激に慣れていってしまいます。**

どんなに甘いスイカでも、ずっと食べているうちに、甘さに慣れてしまうようなものです。

しかしここで、時間を空けたらどうでしょう。**相手という刺激から少し離れることで、その後に再び相手と接したとき、また新鮮な刺激を受けるはず**です。

とくに、ずっと座ったまま相手のことを見ていると、正面なら正面、横なら横顔というように「一方向からの顔」しか見えなくなってしまいます。

しかし一度立って戻ってくれれば、あなたの全身像、そして動き、さらに別方向からの顔など、相手に様々な面を見せることになります。

これによって、相手はあなたという存在にあらためて接することになります。

するとこのとき『単純接触の原理』が起こり、相手はよりあなたのことを深く知ったような気分になり、二人は親近感を高めることができるわけです。

「だから**二時間ず〜っと連続で話しているより、一時間、また一時間とトイレに行って、時間を区切った方がイイわけ**なの。場を切ることが重要なのよ」

「な、なるほどぉ……」

トイレに行って安心させて

「そして三つ目の理由……」

「は、はい」

実際にトイレに行くというのは、一言で言えば、多少「恥ずかしい」ことかもしれません。特に小学生のころなど、授業中にトイレに立つのは、ものすごく大変で、恥ずかしいことだったはずです。

この思考、大人になった今も、多かれ少なかれ誰でも持っているかもしれません。

でも、**だからこそトイレに立つ**のです。

心理学では、『コーヒーの心理実験』というものがあります。

エリートがコーヒーをこぼした場合、コーヒーをこぼさない場合にくらべて、見ている人の好感度がよくなったという実験です。**「失敗」「ミス」などの、ちょっとしたスキを見せることで、相手の印象が良くなる**わけです。

これはトイレでも同じこと。食事はカンペキ。マナーもカンペキ。そしてまったくトイレにすら立たない。これは何のスキにもなりません。

「でも、そこであえて、トイレに立つ。これは小さなスキになり、相手にほんの少しの安心感を与えというわけ」

「なるほどぉ……」

「思い当たることはないかしら？」

「……あります、あります。実際に昔、ある人とデートをしたんですけど。彼女は四、五時間一緒にいて、まったくトイレに行きませんでした。ガマンしていたのか、そういう体質なのか、もしくはコッソリだったのかはわかりませんが、何というか、少し恐かったです」

「そう……。私は四、五時間に渡って『トイレに行ってない』ことを把握している京人君の方が恐いわ」


あぁ、聞かれたから答えただけなのにぃぃぃ。


「実際に女性の方が、男性よりも、尿意をガマンできる時間は短いと言われているしね」

「そうっ！　それなのに、そこまで長時間行かないことに、不思議すぎる気持ちを覚えたんですよ！」

「……」

「他の女性の場合は、二時間くらいの食事の間に、三度もトイレに立ったんです。その際、彼女は恥ずかしそうに、『ごめん。何か緊張してるみたい……』と言ってました」

「……で？」

「そ、それがすご～く萌えました」

「……」

「……」

「もう逮捕していい？」


あぁ、やっぱりそう言われると思いました。

ちょっとトイレで落ち着いて

「とは言え、確かにトイレに行くのは相手にスキを感じさせるものよね。ドジなコの方が安心するような、そんな気持ちに通じるかもしれないわ」

「ええ……」

「一、二回、いえ、行きたいのなら、三、四回トイレに立っても構わないわ。その際、『**緊張してるみたい**』**と言うだけで、それだけ相手の存在を大きく感じていると**

伝えることになる。そうすれば相手は嬉しく感じるはずよ」

「そうですね」

「当然だけど、いまの世の中、トイレに行っただけで、イヤになる人なんてほとんどいないわ。つまり**トイレに立つことを恥じらう必要なんてない**のよ」

「はい」

「それに、これらの三つの理由の他に『自分自身のクールダウン』という理由もここにはあるの」

「クールダウン？」


デート中、どんなに相手を楽しませていると思っていても、その場の雰囲気の中では、わからないことがあります。こんなときに、一度トイレに立ってクールダウンをするのです。

場を分けることで、相手の反応や表情などの別の面に気がつくこともあるでしょう。

これだけで、自分ばかり突っ走って、次のデートはＯＫしてもらえない……、という可能性は減るはずです。

また、相手の話があまり長いときなどに、その勢いをそぐ、という効用もあります。いずれにしても、**トイレに立つことによってその場をコントロールすることができる**はず。

「というわけで、とにかく積極的にトイレに立つこと！」

「はい」

「一回のデートや食事の場所などで、一度は立つ。もちろん、二度より多く立っても構わない。このことを覚えておいてね。もちろん、それでもトイレばかりはちょっと……というならば、単に『ちょっとうるさいから外に電話をかけてくる』などでも構わない。何より中座することが重要なのよ」

「わかりました！」

ガマンなんてしないでね

もちろんこれはビジネスでも使えます。

積極的にトイレに立つことで、いままで述べた理由から、相手はあなたへの親近感を強めるはずです。

また会合の途中でトイレに立つことによって、自分自身、落ち着いて思考を整理することもできるでしょう。

何より「立つ」「歩く」などによって、頭がスッキリする可能性も高まるのです。

さらに相手も、あなたという存在をなくして、少しだけ緊張から解放してあげることで、新たな案が浮かぶ可能性もあるでしょう。

余談ですが、僕、ゆうきゆうは打ち合せや取材が終わりに近づいたとき、よくトイレに立っています。

一時間の取材なら、だいたい五十分が経過したくらいの時間ですね。これによって相手は質問やいままでの流れを整理して、「最後にこれを聞こう」などの考えをまとめることができるはずだからです。

これはもちろん**自分自身の思考を整理するため**でもあります。

しかしながら、「もの凄くトイレが近いヤツ」と思われる可能性は大かもしれません。それはそれで個性なのかもしれませんが。

とにかく大切なのは、〝ガマンしないこと〟。

ストレスもトイレも、小出しにすることが大切なんですよ。

綺麗にまとまったのかわかりませんが、少しでも参考になることがあれば幸いです。

あしたのための処方箋

その24 デートや仕事では、トイレに行くことをためらうな!

その25 一回の場(一、二時間程度)で、必ず一度はトイレに立つべし!!

その26 それ以上行っても構わないが、その際は「緊張しているのかも……」と伝えるとより有効!!!

第4章◎やっぱりズレてしまうのはなぜ？

カルテ
No.09

あなたの場はどこ？

その日、店内に入った瞬間、僕はたくさんのチアガール集団に囲まれました。

「な、何ごと⁉」

そう思って驚いていると、ポンポンを持った彼女が登場し、叫びました。

「フレー、フレー、おーさーーかーーー！」

「……」

「……」

「……」

「え、どうかした？」

こっちのセリフです。

僕は濃厚に思いました。


「今日はチアガールデーということですか」

「うん。わかってきたわね」

「他に、なかったんですか」

「他には、男性店員全員が学ランを着て応援する、『押忍！ 漢塾《おとこ》デー』も考えたんだけどね……」

「……」

「こっちの方がよかったでしょう？」

心から同感です。

ナンパの極意って、わかる？

「じゃあ今夜は恋愛における、基本中の基本。『ナンパの極意』について教えてあげよう！」

「な、ナンパ⁉　いやいやいや！　そんなの、いいですよ！」

「まぁまぁ、そう言わないで」

「というかこの本、名目ではビジネスにも使える書籍なんですよ⁉」

「うん。そうね。ちゃんと使えるわよ！」

「その本でナンパって、あり得なくないですか？」

「まぁ、とりあえず黙ってお聞きっ‼」

「……はい」

「もちろん女性でも知っておいて損はない話よ」

「とりあえず、黙って聞いてみます……」

「まず聞きたいんだけど、京人君って、ナンパってしたこと、あるの？」

「な、ないです……」

「でも、街中や電車とかで、すごくいいなーと思う女の子を見たことあるでしょう？」

「あ、あります」

「それで、声をかけたいと思ったことは？」

「あります……」

「それでも声をかけたことはない？」

「うっ……。ううう……。い、いや、一度だけ……」

「ええっ！　すごいわね！　それで結果は？」

「無視でした」

「予想通りね！」


それは一体、どんな予想なのか。


「でも、心配しないで。ドンマイよ」

「え？」

「では、ここで問題。いまあなたの目の前に、一人の女のコがいたとします」

「は、はい」

「この女性を水着にさせるには、どうしたらいいか、わかる？」

「……え⁉」


志穂さんは、言いました。

「強引に飛びかかって、服を脱がせる？　それとも抑えつけて、水着を着させたい？」


いや、どう考えても、どちらも犯罪だから。

僕は心の奥底からそう思いました。


「……さ、催眠術で、水着を着させるとか？」

「京人君は本当にそれが、できるのかしら？」

「……」

できません。

すると、志穂さんは、言いました。

「じつは、答えはもっともっとカンタンなんだなぁ」

「何ですか？」

「**『目の前にプールを用意する』**」

それ、反則では。

「もっとカンタンに、『プールに連れて行く』でもいいし。もちろん、海でも構わない」

「……」

「じゃあ、もっと応用で、目の前の女性を裸にするには？」

「……温泉に連れて行く、とかでしょうか……」

「すごい！　大正解！」

嬉しいような、嬉しくないような。

❖「下着になれよっ！」はムリだから！

「カンタンに言ってしまうと、目の前を歩いている女性を、力づくで水着にしたりするのは、不可能に近いわ。裸にするのは、なおさらよね」

「はい……」

「京人君だってそうでしょう？　当たり前ですけど、いきなり下着一枚になれと言われたら、難しくない？」

「は、はい……」

「まぁ、京人君ならやるかもしれないけど」

うん。

そう言うと思いました。

「まぁ、一般的な男性にとっても、女性にとっても、それは難しいでしょ？」

「そうですね……」

「しかし！　プールや温泉などの特定の『場』であれば、それは何ら難しくないでしょ？　というか逆に、脱いでない方がおかしいわよね？」

「はい。確かにそうです」

「これこそが、『場の魔力』なのよ……」

みんながみんな、しているの

実際、心理学には**「斉一制《せいいつせい》への圧力」**というものがあります。

人は無意識に、周りの人と自分を比較して、自分の行動を決めているものです。

たとえば**周りの人がAと言うときに、自分一人だけBと主張するのは、とっても大変なこと**なのです。これはたとえ「真実」であっても同じこと。

たとえば「1リットルは何デシリットル？」と聞かれたとします。これは小学生の問題ですね。

そう。言うまでもありません。もちろん、1リットルは100デシリットルですね。疑うほどのない事実です。

これを間違えて覚えている人はいないはず。いたら、かなり恥ずかしいですので気をつけてください。

……。

はい。申し訳ありません。正しくは10デシリットルですね。100デシリットルと聞いて、「あぁ、そうだっけ⁉」と思ってしまったあなたは特に危険信号です。

これ、たとえば僕一人が言うだけなら、「何言ってんの？」と言い返せると思います。しかし会う人会う人すべてがそう言い出したらどうでしょうか？

「あれ、そうだったの⁉　まさか自分だけ知らなかった……⁉」と考えてしまうはずです。

　このように人は無意識に周囲の人間に合わせてしまうものなのです。これこそが「場」の正体。そうすることが当然な場所である。みんながみんな、そうしている場所である。そう思ってしまうため、つい周囲と同じ行動を取ってしまうわけなんです。

最初からイってみて

「そして京人君、『北風と太陽』という童話を知っているよね？」

「……は、はい」

「結局は、それとまったく同じことなの。北風の力がどんなに強くても、寒い限りは、旅人は決して服を脱がない。逆に周りが暖かかったら、誰だって自分から服を脱ぐわ。**局部集中の強い力より、周りから包み込むような『場』の力こそが、何よりも人を動かす**のよ」

「な、なるほどぉ……」

「繰り返すわよ。一人の人間の力で誰かを動かすのは、本当に難しく、大変なこと。しかし、『場』は、カンタンにそれをするわ」

「はい……」

「これは、ナンパでも同じことなのよ。初対面の相手に声をかけて、振り向いてもらうのは、至難の業でしょ？　それは、『街中でナンパされてついていくのは、普通はしないこと』という意識が女性にあるからなの。まさにその『場』が、敵になってしまうのよ！」

「!!」

「じゃあ、どうすればいいと思う？　その答えは簡単。『プール』や『温泉』に行けばいいの」

「え、えええ！　そんな、突然に温泉に誘うなんて……」

すると志穂さんは、ため息をつきながら言いました。

「京人君、『たとえば』って言葉、知ってる？」

あぁ、志穂さんにこう言われると魂に刺さるのはなぜ？

「現実でたとえるなら、『趣味のサークル』や『出会い系パーティ』もしくは何らかの『イベント』に行くってことよ、最初から」

「……あ、あぁ……」

「ただ単にそれだけでも、相手が話を聞いてくれる率は、ずっとずっと上がるわ。路上で一時間だけナンパをする時間があるなら、その時間を使って、ネットなどでパーティ情報を仕入れた方がずっといいってこと。もしくは友人に、パーティや飲み会を企画してもらった方が、最終的に、成功率だってグンと上がるの」

「な、なるほどぉ……」

デキないのは、あなたのせいじゃない

「そうすれば何より京人君自身、声かけやすいでしょう？　**路上でいいと思った人**

に声をかけられないのは、『勇気がない』からじゃないってこと。ただ単に、京人君の潜在意識が、『どう考えても成功しなさそう』だと判断しているからなのよ。こういう心理は、根性論なんかでは、カンタンには覆せないわ。よく『ナンパの心得』なんて本に出てるけど、

『とにかく〇人に声をかける！』

『恥をかくことが訓練なんだ！』

なんて自分に命令しても、何ら変わらないってことよね」

「！」

「何度も言うわね。京人君が失敗したり、うまくいかないのなら、それは『場』が悪いってこと。ただ単に、その場を、うまく行きそうなところに変える。本当にそれだけで、行動の成功率は、ずっとずっと上がるんだから」

「わかりました……」

場、場、場、場！

「ちなみにこの考えは、好きな相手との『口説き』でも同じこと。たった一言だけで、相手の気持ちを振り向かせることなんて、できないもの。『絶対に相手が落ちる決めゼリフ』なんて、ないのよ。それこそ『相手の服を脱がす北風』と同じ。一点集中で頑張っても、あまり意味はないわ。それよりずっと大切なのは、『場』ってこと。雰囲気のいいバーに行く、雰囲気のいい公園に行く、それこそもっと単刀直入に、『二人っきりの場所』でもいい。それだけで確率は高まるわ。何より、二人っきりの場所にいることによって、

『俺はこのコと二人っきりになるほど、好きなのかな……？』

『私は、この人と一緒になってもいいって思ったのかな……？』

とだって思えてくるものなの。とにかく、**『場』**。**重要なのは、これよ！**」

「はい……」

言葉でもイイの

「そしてこの場は、『場所』だけじゃないわ。言葉だけでも、『場』をつくることはできるの。そのためには、『繰り返し』がポイントになるわ。とにかく相手を何度も褒めるの。どう好きかを繰り返し伝えることで、自分の熱意を知ってもらうのよ。さらに、よく話を聞くことで、相手を受け入れること。**言葉は、一回きりだけじゃ、場にはならない**から、何度も何度も伝えて連続した雰囲気をつくり、『場』をつくっていくの。心理学的には実際、**言葉は三回伝えると、その信憑性が格段にアップすることがわかっている**わ。だからとにかく、繰り返すこと。相手はいつの間にかその言葉の連続に包み込まれて、次第に気持ちを変えていくの」

「わ、わかりました」

気持ちは縛っちゃダメ

これは、ビジネスの場でも同じ。

とにかく誰かに何かを主張するときは、『場』に気をつけることです。

たとえばあなたがビジネス相手に、言いたいことを主張できないとするなら……。

それはもしかして「勇気がない」のではなく、単に「場が悪い」だけかもしれません。

たとえば相手のオフィスの中では、自然に相手の方が自信にあふれ、あなたは何かを言いにくくなるはずです。

また、相手の行きつけの店だったりしたり、またはあなたが言ったこともないほど高級な店だったりしたら、やはり同じようにその場に飲まれて、何も主張できなくなる可能性があります。

もし**あなたのペースで進めたいのなら、とにかくあなたの行きつけの店や、あなたの会社など、あなたが自信の持てる『場』に行くこと。**

それだけで、自信満々の雰囲気をつくることができます。

「自分は勇気がない……」

「もっとたくさん言いたいことを言わないと……」

などと根性論で自分の気持ちを縛らないでくださいね。

繰り返しますが、大切なのは『場』なんです。あなたがいまいる場所でうまくいかなくても、落ち込む必要なんて、まったくありません。

ただ単に、その『場』が合わないだけかもしれないんです。

大事なのは、自分自身を停滞させないこと。

昨日と同じことしかやらないなら、その人は死んでいるのと変わりません。

自分の実力や才能を悔やんでるヒマがあったら、一歩でも違う場所に足を踏み入れてみることが大切なんですよ。

ぜひ一緒にヌーディスト・ビーチに…
行くかアホッ!!
変態がっ!

あしたのための処方箋

その27　何より大切なのは『場』である!

その28　路上や街中で一時間声をかけるなら、最初から人が集まって、話をするのが当然であるような『場』を探すべし!!

その29　「勇気がないから……」などという根性論は、何の意味もない!!!

カルテ
No.10

まずは脱いでみて！

キーン、コーン、カーン、コーン……。

店に入った瞬間、チャイムの音が響いてきました。

まさか……。

そう思った瞬間、ピッチリとしたミニスカートをはき、スーツに身を包んだ彼女が、メガネをかけて出てきました。

「京人君、あなたは遅刻よ！　遅刻なのよっ！」

うん。やっぱり。

「今日は女教師デーだから」


わかってます。

もう何も言わなくとも、わかってますから。


「ちなみに女教師って、『おんなきょうし』って読むのよね」

「え、えぇ」

「『じょきょうし』だと思ってたら間違いだから気をつけて」

「え？」

「『じょきょうし』で変換すると『除去ウシ』になるから♪」

「……」

「何を除去されちゃったのか気になるわ♪」


あの、本題に行ってください。

早く。

僕は心からそう思いました。

ねぇ、どっちがいいの？

「今日は遅い時間じゃない、どうしたのかな？」

「いや、会社の歓送迎会の幹事をまかされちゃって……。苦手な上司もいっぱい来るし、どうしようかって、会社で考え続けていたんです」

「京人君も、たまには考え込むこともあるのね」

たまには、って何ですか。

「それで、どういうセッティングをするかは決まったの？」

「すごく考えた割に結論は出なかったんです……。何しろカタイ人たちばかりで、できるだけ堅苦しくないようにしたいんですけど」

「それは大変。それなら今日はこんな話をしましょう」

「え？」

「突然ですが、京人君は、こんなクイズを知ってますか？」


あなたは飲み会の幹事さんです。

『よーしっ！　今日はみんなを仲良くさせるぞ！』と張り切ってはいるものの、どんなところで飲み会を行うのがいいと思いますか？
1．オシャレな洋風のバー
2．座敷席のある和風居酒屋

「……わ、わからない……」

「二者択一なのに？」

「じゃあ、カンで1かな？」

「どうして？」

「いや、オシャレなバーの方が気分よくなっていいかなって思って……」

「ぶっぶ～！」


ぶっぶ～。

その古風な効果音に、微妙に萌えた僕でした。

パーソナルなスペースって知ってる？

「京人君は堅苦しくない雰囲気にしたいのよね？」

「は、はい」

「それでは相手の気持ちを解きほぐしてあげなければダメ。相手の気持ちを早く解くためには何が必要か……。**じつはもっとも大切なのは『脱ぐこと』なのよ**」

「‼」

「全裸になるまで……」

マジっすか。

「……」

「京人君は、『冗談』という言葉を知っているかな?」

志穂さんが言うと、まるっきり冗談に聞こえません。

「最後まで脱ぐ必要はないのよ」

「……安心しました」

「**心理学では、心のナワバリを『パーソナル・スペース』と言う**わ。無意識に感じるナワバリのことね」

「は、はい」

「そして、たとえば京人君は仕事柄車に乗ったことがあるよね?」

「あります」

「車に乗ると、気が大きくならないかな？」

「あぁ、確かにわかる気がします。何だかスピード出したり、もしくは車の中で、ものすごく楽しくなって、大声で歌ったりしちゃうんですよ」

「……」

「……」

「車、かわいそう……」


そ、そこまで言う。


「でもまぁ、そういう人間も、車から降りると、大人しくなるよね？」

「まぁ、そうですね……」

「これは、車のせいでパーソナル・スペースが広がったからと感じるからなの。身にまとうヨロイが硬く大きくなることで、ナワバリも広くなったように感じて、安心して気が大きくなるってことね。大きな高級車に乗ってるところをイメージすればわかりやすいと思うけど」

「なるほどぉ……」

「これは衣服でも同じ。たとえばものすごい衣服を着込むと、ちょっとだけ気持ちが大きくなるものなのよ。他にもヨロイを着たり、防弾チョッキを着たり……。そういう衣服を着込むことで、強くなったような気になるわよね」

「ま、まぁ、なるかもしれません」

「しかし逆に、裸や水着になったりすると、微妙に心細くなったりしないかな？」

「確かに。いつ攻撃されるかという気持ちで不安になることがあると思います」

「そう。実際に尋問の場合、捕虜からコートや衣服を奪うことで、不安にさせるという方法があるの。**衣服はヨロイになり、それによって人は安心するもの**なのよ」

「なるほどぉ……」

「ただ、ヨロイというのは、同時に疎外感を与えるもの。たとえば、いつでもヨロイを着ている人間がいたら、どう思うかな？」

「え、信頼されてない？　って思いますね」

「まぁ、京人君の場合、みんな本当にそう思っているかもしれないけど」

「……」

とにかく大事なのは脱ぐこと！

「いずれにしても、ヨロイを着込むことは、そういうイメージになるわ。すなわち衣服の厚さは、相手への疎外感と感じられても仕方ないのよ」

「確かに」

「すなわち『**相手との信頼感・親近感は、互いに着ている衣服の厚さに反比例する**』ということになるの」

「は、ははぁ……」

「極端な話、恋人同士は、ベッドでは、衣服を着ないわよね？」

「ま、まぁ…」

「まぁ、たまにあえて着込むプレイもあるみたいだけど」

あの、もうその辺で。

「よってウラを返せば、**とにかく誰かとデートや話をするときは、積極的に衣服を脱ぐこと**。これによって『あなたに疎外感を抱いていません』『あなたを信頼しています』というイメージを与えることになるのよ」

「な、なるほどぉ……」

「加えてもちろん、肌を露出することで、ドキッとさせる作用もあるわ。一石二鳥でしょ?」

「た、確かに」

「もちろん全部脱いだら犯罪だから、コートやジャケットレベルでね」

うん。

もちろんわかってますから。

「とにかく余計な厚着は脱いで、その場所で寒くないギリギリのカッコウになること。そしてこうすれば、相手も『あ、じゃあ私も脱ごうかな……』と感じるもの。これによって親近感は、加速度的に強まっていくものなの」

「はい」

「それでも相手が脱がないなら……」

「……」

「とにかくハンガーなどを差し出して、まずは自然な形でコートなどを脱がせることが大切かもしれないわ」

うん。

でもハンガー出せる場所って、すっごく限られてると思うんですけど。

「いずれにしても、ここまで来れば、正解がわかるはず。**なるべく座敷のあるお店などで、まず靴を脱がせることが大切。**それだけでも、相手のヨロイを取り去ることにつながるから」

「ははぁ……」

「まぁ、**とにかく大切なのは『脱ぐこと』。自分から脱がないと、相手の気持ちを脱がせることはできない**のだから」

「わかりました……」

「……？」

「……と、とりあえず上半身だけ、全部脱いでみようかな〜。何て」

「退学させるわよっ！」

「心から申し訳ありません！」

遠慮せず脱ぎましょう！

これはビジネスで立派に応用できるんです。

何か打ち合わせをするときなどは、靴を脱ぐような居酒屋や、料亭などをあえて選んでみたり、さらには「上着をお預かりしますね」などと、**できるだけお互いが身軽になれるようなシーンも演出してみましょう**。

このようにして、積極的にパーソナルスペースを縮めることで、打ち合わせが円満かつスムーズに進行することでしょう。

逆に、スーツ姿で会議室などで打ち合わせをするというような堅苦しいシーンでは、その場にいる人の気持ちも堅苦しいままで、よいアイディアなどはなかなか生まれにくくなってしまうかもしれません。

また女性は冷え症の人も多いので、相手が女性なら、なるべく温度を上げてあげましょう。そうすれば、コートなども自然な形で脱ぐことになります。

結局、**人は快適な空間であればあるほど、目の前の人間への好感度を高くしていくもの**。これを『**連合の法則**』と言います。

いずれにしても、状況に応じて上手に場所をセッティングしてみてくださいね。

広瀬くん…さすがにサウナで会議というのは厳しい気がしてきたよ…
実は私もそう思い始めたところです…
ポタ…
ポタ…
ポタ…

あしたのための処方箋

その30 相手とより親密になりたいなら、座敷がある居酒屋などを選ぶべし！

その31 可能であれば、なるべく相手を薄着にさせよう!!

その32 着ている衣服の状態だけでも、パーソナルスペースは変わると知っておこう!!!

第5章◎どうしてもあと一歩が踏み出せないのはなぜ？

《(ToT)》

カルテ No.11

伝えて誰かの褒め言葉

店内に入った瞬間、童謡が流れていました。

いつもながらに悪い予感がすると、彼女はトレーナーにエプロンをつけて現れました。


「さぁっ！　よい子のみんな！　お歌を歌いましょう〜！」

「……」

「どうしたのカナ？　歌おうよ！」

「……え、何これ？」

「今日は、保母さんデーなんだじょ〜」

うん、微妙にわかってはいたけれど。

「あれ？　京人君は歌わないの？」

「……」

「ママと会えなくて、さびちいんだね」

何ですかその飛躍論理は。

「今日は何が飲みたい？」

「うーん……」

「低脂肪に無脂肪、さらに成分無調整まで用意してるわよ」

ミルクだけなんですか。

僕は、出された無脂肪乳を飲みながら静かに深呼吸をしました。

ウワサの真相は？

「じゃあ、今日はこんなことを、教えちゃうわね」

「……は、はい」

「人はね、**『伝聞』の形を借りて、本音を伝えるもの**なのよ」

「え？」

「ちょっと想像してみてね。京人君が好きな食べ物って、何かしら？」

「……そ、そうですね……。結構大豆食品が好きなんですよ。納豆とか、豆腐とか」

「……」

「え？」

「案外普通でビックリしたわ」

「……」

「『マヨネーズをちゅうちゅう吸うのが好き！』とか『イカの吸盤だけ食べるのが大好き！』とかだと思ってたから……」

僕を何だと思ってるんですか。


「それはそれとして、京人君は納豆などが好き、と」

「……は、はい……」

「さてこんなときに、『納豆は体にイイよ！』という雑誌記事があったら、それを読みたいと思うかな？」

「そうですね。読みたいと思います」

「じゃあ逆に、『納豆は体に悪いよ』という記事があったら、どう？」

「な、納豆って体に悪いんですか⁉」

「『もしも』って言葉、ご存知ぃ？」

「あ、あうっ！　まぁ、もし本当にそんな記事があったとしたら……。読みたいかはわからないです……」

「そうよね。もちろん最初は興味はあるかもしれないけど、正直、そんなに読みたいと思わないわよね？」

「そうですね……」

「あなたがお寿司が好きなのに、それが体に悪い……そんな考えは、矛盾するわよね。その場合、なるべくそういう情報には接しないようにする。これは人間として自然な考え方よ」

「確かに。タバコを吸う人が、『健康に悪い』という情報を、見て見ぬふりをするのに似ているかもしれません」

「こういう例は、いくらでもあるわ。たとえば、あなたにすごくキライな人がいたとします。こんなときに、誰かが、『あの人、こんなヒドいこともしててね……』と言ったとしたら、どうする？」

「……やっぱり、その話に聞き耳を立てちゃうと思いますよ」

「そうよね。逆に、その人のことを誰かが褒めていたら、そこまで強い興味を持って聞かないんじゃないかしら？」

「確かにそうかもしれないです……」

「このように**人間は、自分の考えと一致する情報だけを聞くもの**なの。そして万が一、それと矛盾する話が入ってきた場合は、その違和感を解消するために、その情報を少しずつ記憶から消していったりするものなの。これを、『**認知的不協和理論**』と言うわ」

「はい」

「さらに、ここからが重要なの。人が**『こんな話を聞いたんだけど……』というウワサ話をする場合、これはまさに、その人の考えをそのまま主張するものだと思って間違いない**わ。たとえば、もともとあなたに話を伝えてきた人の考えと矛盾するウワサだとしたら、その人自身、ウワサ話を聞かないし、なおかつ記憶にもほとんど残らないものだから。とくに、他の人に伝えたくなるほど話すことなんて、マレだと思っていいの」

「そ、そうなんですか……？『あまりに自分の考えと違って、事実を確かめたいから』ってこともあり得ませんか？」

「その場合は、『この話、本当なのかな？』という疑問文になるはずよ。間違っても『こんな話聞いたんだけど……』って言い方で終わらせることはないわ。もし終わらせるなら、それはもう、本人が固く信じ切っている話だと思って間違いないの」

「な、なるほどぉ……」

「さらに重要な事実があるの。たとえば『あの人、あなたをこんな風に悪く言ってたよ』というウワサ話を伝えた場合。これは結局『悪口を言われた』ということで、相手にショックを与えることになるわよね？」

「もちろんそうですね」

「つまり、それを伝えた人にとってはまさに『確信犯』なのよ。あえて相手を傷つけることを知った上で、そう伝えるんだから。言ってみれば、『これは私の考えじゃないんだから……』という名目をタテにして、自分の本音を伝えているわけなの。たとえば、自分で愛の言葉を伝えられない男が、好きな愛の歌をデータに保存して女の子に無理やり送って聞かせるのに似ているわね」

ぎくっ！

「あれ、うっとうしいわよね、ホント」

そこまで言いますか。

「どうかした？　京人君！」

「いいいいえ、な、何でもありません」

「……すなわち『誰かのウワサを話す人』というのは、イコール『自分の考え』で、**『ウワサ話だったら、自分は憎まれずに相手に伝えられる』と思いこんでいる可能性が大**なのよ」

「な、なるほど……」

「だから、あなたに『○○さんがこう言ってたよ』と言う人がいたら、間違っても『教えてくれてありがとう……』なんて思っちゃダメ。それはすなわち、その人の本音だと言うことを覚えておいた方がいいわ」

「わかりました……」

「もちろんこれは、『みんな、あなたのこと、嫌ってるのよ！』という場合も同じだから」


ぎくり！

「……」

「私、なんかまたトラウマ呼び起こしちゃったかしら？」

お願いだから、そっとしておいてください。

「もちろんこれは、逆の場合でも同じよ」

「逆？」

「たとえば、『○○さんが、あなたのこと、素敵って言ってた』とか言うなら、それは本人の意見でもあるということ」

「なるほどぉ……」

「まぁ、そんな体験なんて京人君にはないと思うけど」

「……」

「あるの？」

……。

もちろん、ありません……。

どんな郵便屋さんがイイ？

「でもね、じつは『悪口』を伝える人って、気がついてないのよ」

「え？」

「実際に『あの人があなたのこと、悪く言ってたよ』と言われても、もちろんその本人は目の前にいないから、怒りようがないわよね」

「そうですね」

「そんなとき、**その怒りは、すなわち『伝えた人』に向けられる**の」

「……」

「これを『**連合の法則**』と言うんだけど、イメージの悪化が、そのまま他のものにも伝わってしまうことなのよ」

「は、はい」

「合格発表を届けてくれた郵便屋さんは、すごくイイ人に思えるよね？　逆に、不合格の通知だったら、その郵便屋さんのこと、イヤなヤツに思えないかしら？」

「わかる気がします。とばっちり、というヤツですね」

「そう。**人は伝えられた話のイメージを、そのまま伝えた人に移し替えるもの**なの。それに気がつかないで『私は嫌われずに、この人の悪口を言ってやったぁ』なんて思ってることが多いから、おめでたいわよね。結局は話した人自身が嫌われているのに……」

「う〜ん、その通りかも」

「一般的に、人には『大切な情報は自分から隠されている』という意識が働いているもの。そのため『誰かがこう言っていた』という話は、すんごく強い信憑性があるわけだけど、伝聞で聞いた話は本人から直接聞いたときより、ときにインパクトが強くなったりするから注意してね」

「はい……」

「ある有名なプロデューサーは、タレントの気分をよくさせるために『うちの家族も、あなたのファンなんですよ！』と言うなどのやり方を使うそうよ。これは、『僕自身、あなたのファンなんですよ！』というより、相手はずっと嬉しく感じるらしいわ。これも、さっきと同じ理由よね」

「なるほど……。わかる気がします」

「だから、覚えておくことはシンプル。あなたが人に好かれたいなら、**誰かが褒めていた言葉を、すべてその人に伝えてあげること。そして誰かが言っていた悪口は、もちろんその本人には決して言わないこと**」

「わ、わかりました……」

「たとえば京人君に大切な子供がいたとして、その子供の悪口を誰かが言っていた場合、子供にそれを伝えるかしら？」

「……子供がいないからわからないですけど……」

「『もしも』って言葉、本当に知ってる？」

丁寧語に、より深い畏《おそ》れを感じました。

「……い、いたとするなら……。伝えないと思います」

「そうよね。それが大切な人なら、間違っても、伝えないわよね。そういう思考で、いろいろな人と接することが大事なのよ」

「は、はいっ！　よ～く、わかりました！」

「**人間が口を開けば、それがどんな形であっても、必ずその人の本音が現れるもの**なの、だから一つひとつの言葉をもっと大切にするべきよね」

「は、はい」

「ちなみにこの店の他の女の子と話したかしら？」

「あ、うん。少しだけ」

「彼女たち、私のこと、何て言ってた？」

「……」


僕は必死に考えてから、言いました。


「……いや、すごく素晴らしい人って」

「それだけ？」

「……き、綺麗で華やかで、優しくて素敵だと」

「そ、ならよかったぁ～♪」

僕は任務をやり遂げたような気持ちになりました。

「……あ！　ち、ちなみに僕のことって、みんなはどう話してますか？」

「何も」

「……は？」

「いや、だから、何も話してないってば！」

「……」

ウワサにすらならないほどの存在感のなさ。

もしかして悪口を言われていた方がずっとマシなのではないかと思いました。

相手を喜ばしたり、動かしたり

これらは仕事でも同じことです。

とにかく**相手の気分を良くさせたいと思ったのなら、あなたの周りの人が、相手のことをどう言っていたかを話してあげること**。

もちろん、内容は褒め言葉です。


「うちの△△も、○○さんとお仕事ができてすごく喜んでいました」

「みんな、○○さんの仕事を誉めてましたよ！」


このように言えば、相手は大喜びのはずです。

また相手が納期や締め切りを守らず、それに困っている場合は、

「同じスタッフの○○が状況的に厳しいようなので、あと少し早くいただくことは可能でしょうか？」などのように言えば、やはり「あぁ、そんなに困っているんだ

……」と相手は感じてくれるはず。

自分自身が困っている、というよりカドも立たないですので、みなさんもどうかぜひ試してみてくださいね。

ゆっきーがねえ、ミオのことギネス級って言ってたよ！
そ、そう…
この情報に私はどう思えばいいのだろう…

あしたのための処方箋

その33　人に好かれたいなら、誰かの褒め言葉はそのまま伝えるべし！

その34　逆に悪口は伝聞であっても相手に伝えるのは控えるべし!!

その35　さもないとあなた自身が嫌われるので、要注意!!!

カルテ
No.12

出会いに、こんなに⁉

その日は、何だか店の雰囲気が違っていました。

壁紙全体が真っ白で、店内からは消毒液のニオイが漂ってきたのです。

席に着くと、彼女は出会ったときと同じ、白衣の衣装に身を包んで、僕の近くにやって来ました。

そして聴診器を僕の方に向けながら、こう言います。

「あら……、今日はどうされました？」

「あの、これは……」

「今日は、基本に戻って女医デーよ♪」

うん。もはや何が基本なのかはまるでわかりませんが、多分そんな方向性だと思いました。

「それじゃあね」

「は？」

「今日は最初の出会いの場面で話した会話で、説明していない心理テクニックを、すべて説明してあげるわね」

「……まだ説明していない心理テクニック……？」

「えぇ……」

そのときの僕は、彼女の言葉に違和感を抱きつつも、その正体をハッキリと意識することはできませんでした。

「さ、最初の会話で、まだ心理トリックがあったんですか？」

「はい。その数、六つです」

「そ、そんなに!?」


するとと、彼女は説明を始めました。

『京人』って、いい名前

「初めて会ったときに『キョウト!? いい響きねっ！』（17ページ参照）って言ったのを覚えてるかな？ これは心理学的に**『名指し効果』**と呼ばれるわ。名前で呼ばれると、人は『自分を強く意識してもらえている』と感じ、相手の頼みを聞きやすくなるものなの」

「ははぁ……」

「もちろん言い過ぎは逆効果。十五分に一回くらいが理想って思ってちょうだいね」

「確かに、あまりに連発されると意図的なものを感じるかもしれませんね。それだと、さすがの僕でも嫌悪感を抱くと思います」

「京人君……。京人君……。京人くぅ～ん……」

何だかいま心にグッと来ました。

「うん。相手が男の場合は連呼も効果的かもしれないわね～」

「……」

どっちなんですか、一体。


すごくとっても大変なんだけど……

「そして、これね。『ちょっと言いにくいんだけど、と～っても大事なお願いがあるの……聞いてもらえるかな？』（19ページ参照）。**実際に何か頼み事をするときは、まず『すごく重い前置き』を言うことが大切**なの。

『**すごく言いにくいことがあるんですけど……**』

『**とっても大変な頼みがあるんだけど……**』

『**お願い。引かないでほしいんだけど……**』

このように言えば、依頼された方はものすごいことを想像してしまうもの。そのあとにメインの頼み事をするならば、『あぁ、何だ。そんなことか』と相手は安心するわ。これが『**比較の法則**』というヤツね」

「な、なるほどぉ……」

「十万円のネックレスを見たら高いと思えるだろうけど、一千万円のネックレスの隣にそれが置いてあったらそんなに高いと思わないよね？　それと同じってこと」

「……うん。ちょっと冷静になるとわかると思いますけど」

「これはいくらでも応用できるものよ。たとえば、何かちょっとした秘密を告白したいときや、失敗を謝りたいとき

『**これを言うと、引いちゃうかもしれないのだけど……**』

『このこと話すと、嫌われるかもしれないのだけど……』

こんな風に言えば、相手はものすごい最悪の状況を想像するはず。その直後に『じつは料理つくるの忘れちゃって～』とか、『少し給料下がっちゃって～』なんて言えば、相手は『よかった……。そんなことだったんだ……』と思うもの。もちろん使い過ぎると、相手は慣れてしまうので気をつけて」

「うん。わかりました」

「ちなみに、ものすごいお願いがあるんですけど……。引いちゃうかなぁ……」

「……あぁ、早速そのメソッド？　いいですよ、ＯＫしちゃいますよ！」

「百万円のボトル、いますぐ入れて欲しいの」

そのまんま〝ものすごいお願い〟ですか。

僕は心からそう思いました。

ブ〜メラン、ブ〜メラン♪

「さらに、こちらのセリフ。『もしかして、アヤしいお店だと思ってない？　まぁ、そう思われても、仕方ないよね……』（20ページ参照）」

「こ、こんなところにも？」

「うんっ！」

「ちなみに、志穂さんは僕の心が読めていたんですか？」

「それは言わないお約束よ」

「はい……」

「これこそが『**接種理論**』というもの。**とにかく相手の感じているであろうネガティブな情報を、こちらが積極的に口にしてしまうわけ。**これによって相手は、『自ら言うからには、実際には違うのかも……』と思ったりするものなの。『もし本当にそうなら、自ら言うはずがない』と思うわけね」

「なるほど、なるほどぉ……」

「さらに『そう思われても、仕方ないよね……』というようにあえて否定をしないのも手。かえって自ら否定すると、相手は『否定するからには本当なのでは』と思うこともあるわ。これを心理学では『**ブーメラン効果**』と呼ぶの。説得のつもりの強調が、かえって自分を攻撃してしまうってことね」

「なるほど。あえて強く言わないってことですね」

「そうっ！　認め、受け入れることで、逆に相手が『そこまで言うからには違うのかな……』と思ってくれる効果なの。また、あえて相手の感じている不安を口にしてあげることで、さらに相手の心に踏み込むステップにもつながる。逆にそれを恐れて〝ずっと（相手の）不安や問題のないもの〟として扱うと、相手の心の底で、かえってそのネガティブな気持ちがたまってしまうこともあるから注意してね」

「なるほど……」

「よってこんなときは、あえて口にすることが大切なの。

『この企画に不安を感じられていらっしゃいますよね？』

『この予算では、高く感じられますでしょうか？』

このように言えば、あえて相手の気持ちを引き出すことができるわ。それによって、『でも、じつは今回の予算は……』というように、さらにツッこんだ話だってできるものなの」

「わかりました……」

「ちなみにこのように言っておけば、そのあとに相手が誰かに、『その話、アヤしいんじゃないの？』などのように言われた場合の布石にもなるの。だから**あえて悪い情報を小さく伝えておくことで、そのあとに大きく悪い情報に接した場合に耐性をつける**ことになるってわけ。これこそが『接種理論』と呼ばれるものなのよ」

「な、な、なるほど〜」

「ちなみにこの店のシュミって悪いと思ってるでしょう？」

「……」

「私は思ってるけどね」

そこまでハッキリと思ってるんだ。

すごく嬉しいから……

「そして、『そうなるとすごく助かるので、よかったら来てもらえないかな?』(21ページ参照)。これね」

「うっ……、ここにも何か?」

「実際に人間は『理由づけ』があると、無意識に気持ちを動かしてしまうもの。有名な『コピー機の実験』というものがあるわ。コピーをしている人に近づいて、次の三パターンで、先にコピーさせてくれるように頼むという実験よ。

A『先にコピーさせてくれませんか?』と、普通に頼む。

B『急いでいるので、先にコピーさせてくれませんか?』と、理由を言いながら頼む。

C『コピーを取らなければいけないので、先にコピーさせてくれませんか?』と〝理由になってないよ〟と思えるような理由を言いながら頼む。

その結果は、承諾率はAが60%で、Bが94%、そしてCは93%で、BとCはほとんど変わらなかったというわ」

「な、なるほどぉ……。理由づけさえあれば、人は無条件に従ってしまう、というわけですね」

「その通り！　もちろん、意味の通る理由であるに越したことはないんだけどね」

「そりゃそうですよね」

「さらに言うなら『私が嬉しく感じるから……』『すごく助かるから……』というように、**自分の素直な感情を理由にした方が、相手の承諾率は上がると言われているわ。相手の気持ちに近づいたような気持ちになり、親近感を得るわけね**」

「な、なるほどぉ……」

「……」

「？」

「ちなみに、すごく延長して欲しいから、延長してくれないかな？」

それは理由じゃなく、単なる本文の繰り返しだ。

僕は心からそう思いましたが、もちろん反論はしませんでした。

たった○○○円ポッキリなので……

「そしてこれ『いまだったら料金も安いし、時間もちょっとだけで構わないから。普通に飲んだって数千円くらいだよ、きっと』（21ページ参照）。これは前にも解説した募金にまつわる実験のエピソードと一緒なの。実験者は街を歩く人たちに、『すみませんが募金してください』と頼んだけど、結局ＯＫしてくれた人はとても少なかった、というヤツね。気持ちはわかるよね？」

「わかります」

「しかし、次に実験者は『すみません。一ドルでいいので募金してください』と頼んだ。するとこの場合は、かなり多くの人がＯＫをしてくれたの。このように小さく限定すれば、相手は『それくらいなら……』と思ってくれやすくなるものなの」

「そ、そうなんですね」

「限定することでかえって安心させるってわけね」

「う〜ん……」

「よく看板とかにある『〇〇〇円ポッキリ！』とかの表現も同じよね。あれも単に最低料金で……」

「そうそう！　実際入ってみると、オプションやら、延長やらで、もう大変な……」

「……」

「っていまのは、聞いた話なんですけどね」

「強く生きてちょうだいね」

せ、切なすぎる。

僕は心からそう思いました。

するの？　しないの？

「さらに、これ『帰る？　やっぱり。それとも来てみる？』（24ページ参照）。これが『**二択での誘い**』のテクニックよ。まずは相手の感じている選択肢を提示してあげること。そうすると相手は『あ、望んでいることを示してもらった。だったらお礼に、相手のために力になってあげようかな……』と感じるものなの」

「あぁ、親切の押し売りってヤツですね」

「……近いような遠いような。まぁ大体合ってるわ。**あえて親切な言葉を先にかけるわけね。そしてその直後に、自分の望んでいる選択肢を提示する。**こうすると相手は『そっか。だったらそれを叶えてあげようかな……』という気持ちになって、ついOKしてしまうものなの」

「なるほど！」

「逆に最悪なのが『来てみる？　やっぱり、帰る？』の順番。自分の望む選択肢を先に言ってしまうことで、相手は少しマイナスな気持ちになり『あぁ、だったら自分の望むことを言ってもいいかな』と思ってしまい、そのため最初と違った選択肢をつい選んでしまうの、この点は注意してね」

「ふむう……」

「ちなみにもう一度、使ってみてもいいかしら？」

「……それは一体？」

「ドンペリ入れる？　それとも、レミーマルタンにしておく？」

……あの、どっちもまったく望んでないんですけど……。

さいごに、ね

「以上よ」

「は、はは ぁ……」

「シャンパンでも飲む？」

「え？　シャンパン？」

「うん、これだけ通ってくれた京人君に、私からのせめてものお礼」

「お、お礼……」

しばらくすると、看護師の格好をしたウェイターがシャンパンを運んできました。

ある意味徹底してる、と僕は思いました。

「そんじゃ、カンパ～イ！」

「か、カンパイ……」

思えば、この店に入って、お酒を飲んだのは、これが初めてかもしれません。

そう思ったとき、彼女は言いました。

「これが私の教えられる、すべてのことよ」

「え？」

「あと、これらをどう活かすかは京人君次第」

「……」

確かに、彼女にいろいろと教えてもらってから、少しずつ自分の毎日は変わってきました。初対面の会合でも、気後れすることが減りました。初めての会話でも、好印象を残しているという感触もいまではあるくらいです。

「……でも」

「でも……？」

「無理をしないで、ゆっくりといろいろな物事に当たってね」

「……」

僕は、「出会い」に関するテクニックを学ぶため、この店に通っていました。

しかし、結局はそれ以上に感じていた気持ちがありました。

そう。

それは志穂さんに会いたかったから。

「……京人君？」

「あ、あの……」

「え？」

「よかったら、この店の外でも、また会っ……」

その瞬間、彼女は言いました。

「その約束は、今度会ったときに、ね」

「え？」

もう一度、この店に来たとき、約束してくれる……ということなんだろうか。

僕はそう思いつつも、それを言葉にすることはできません。

「……いい？」

「……うん」

僕は彼女の感触を感じつつ、シャンパンをグッと飲み干したのです。

そして、なぜか胸騒ぎがするのを、そのときの僕は抑えられませんでした。

トシオさん、すごく大変な頼みがあるんだけど…このゲーム、買ってもらえないかな？くだらないものと思われるかもしれないけど…買ってくれたら、嬉しいなぁ…
トシヒコ、ねだるなら普通にねだりなさい

あしたのための処方箋

その36　印象度を上げたいなら、会話中に「名前」を呼ぶよう心がけるべし！

その37　頼みごとをするなら、重い前置きを先に言うべし!!

その38　相手が不安を感じているなら、その気持ちを代弁してあげること!!!

その39　お願いは「○○してもらえると嬉しい」など理由づけをするべし!!!!

エピローグ

次の日。
僕がその店を訪ねると、そのビルの入り口には、店の看板はありませんでした。
それでも僕はエレベーターに乗り、店のある階に行きます。
しかし、店のドアは開きませんでした。
……。

どうしたんだろう。これは。
僕はあらためて、いままでのことを考えました。

もしかして。
僕は自分のポケットをまさぐり、『愛とストレスクリニック』とかなりいかがわしく描かれたマッチを見つけました。

このマッチが存在するのは、明らかにこの店に通ったことは夢ではないということを証明していました。

そしてエレベーターを下り、ビルの外に出たときです。

「京人君?」

「……え……」

そこには、彼女がいました。

青いジャケットにベージュのスカート。

白い革のスニーカーにロングヘアー。

どこにでもいる一般的な私服に身を包んだ女性が、そこにいたのです。

「わぁっ!　京人君!」

「志穂さん⁉」

初めて、普通の服を着た彼女を見たのです。

あまりの驚きで、この彼女の格好こそコスプレをしているような錯覚を覚えました。

「……ていうか、お店は⁉」

すると、彼女は言ったのです。

「潰れたわ……」

一体何がどうなったのか。

この現実を、すごく綺麗な夢の話としてまとめそうになってしまった自分が恨めしい。

「うん。まぁ……。何かそういう予感はしてました」

「私もしていたわ」

「……」

「ただ、本当にそうなるなんて……。あと一回くらいは、京人君と会えると思っていたの……」

「これからどうするんですか？」

「うーん、また近くで違うお店でも探すかなぁ」

「そうなんですか……。じ、じつは僕、来週出張することになったんですよ」

「へぇ……。でも何だか浮かない顔してるのね？」

「じつは、そのこと考えるといまから足が震えてしまって……」

「え、歩いて出張行くんで、いまから鍛えてたりしてるの⁉」

「筋肉痛で震えてるわけじゃないですよ‼　じつは、いままでになかったくらいの大事な商談で……」

「そう……」

「あ〜もう、失敗したらどうしようって……」

「……」

「結局僕、昔っから何やってもダメで……」

そのとき、志穂さんは静かに、だけど力強く言いました。

「大丈夫！」

「え？」

「京人君は、もう以前の京人君と違うから」

「……？」

「**商談は恋愛と同じなの。ただ自分を売り込むか、商品を売り込むかの違いだけ。**いままで教えてきたことは、恋愛だけじゃなく人との関わりすべてに活きてくるから」

「‼」

「だから頑張って行ってきてね」

「あ、あのぉ……。じ、じつは」

「じゃあ、またねっ！」

「……」

このやり取りを、僕は出張帰りの飛行機の中で思い出していました。

『京人君は、もう以前の京人君と違うから』

この言葉は僕の胸に深く深く刻まれていました。

取引先の方とはずいぶん仲良くなれて、商談は大成功でした。仲良くなりすぎて個人的に一緒に旅行をする約束をしてしまったのは、押しに弱い僕の性格が招いた結果です。

いまになって少し後悔していますが、嫌われるよりはいいかなと自分に言い聞かせています。

そのときです。

「お客様の中にお医者様はいらっしゃいませんか⁉」

突然のアナウンス。飛行機内はざわめきます。

病人がでたのかな……？　でも飛行機に医者が乗ってる確率なんてそんなには……。

「はぁ〜い！」

い、いるんですか。

しかもどこかで聞いたような声がしました。

「私は医師で〜す！」

ええぇっ⁉　志穂さん⁉

な、なぜここに⁉

た、確かに女医のコスプレしてたときはあったけど……。いや、そんなことより、いまはそんな冗談言ってる場合じゃないってわからないんですか。人命がかかってるっていうのに。

そうこう考えているうちに、志穂さんはキャビンアテンダントに連れられてファーストクラスに消えていきました。

およそ五分ほど経ったころでしょうか……。

志穂さんが戻ってきました。

「志穂さん!!」

「……? 京人君じゃない! 久しぶりだね～♪」

うわっ! 大して驚かないんだ!!

「何してるんですか!?」

「え、私は旅行の帰りだけど。京人君は出張どうだった？　緊張しないでうまくやれたのかな？」

「いや、そうじゃなくて、いま……」

「あぁ……患者さんなら安静にしてたら治ったみたい」

「え？」

「ほんっとラッキーだったわ～。私、精神科医だから、重い病気だったらお手上げだったわ」

「せいしん……かい……」


確かに。以前から不思議に思っていましたが、志穂さんの話は心理学の知識に通じていないとできないものでした。


「どうしてキャバクラで……」

「あぁ……、だって勤務医と時給あんまり変わらないし。どっちも心理学を使えて楽しいし」

「そ、それだけで⁉」

「それに、このバイトをしなきゃ出会えなかった人もいるし、ねぇ？」

志穂さんはそう言うと僕の目をまっすぐに覗き込みました。

僕はそのとき、胸に浮かんだたった一言を言おうと焦っていました。

「そういえば私、あのバイトから足を洗ったのよ」

「え⁉　な、なぜですか⁉」

「いや〜、結局本業と同じで、なっかなかイイ男来ないから……」

「心理学使えて楽しい」って、たったいま言いませんでした？

そのときアナウンスが流れました。

「間もなく着陸態勢に入ります。シートベルトをご着用ください」

「あらら、そろそろ席に戻らないと……」

もう言うなら、いましかない。

僕は強く緊張しつつも、そう思いました。


「あのっ……」

「え？」

「帰りに……」

「はい？」


僕はしぼり出すようにその先の言葉を続けました。


「よかったら一緒に食事でも……」

「え……」


やっぱり、ダメだった……。目の前が真っ暗になる感覚。

その中で、確かに志穂さんの声がこう聞こえました。

「羽田にもマックってあったっけ？」

上を向くと、志穂さんがくすくすと笑っていました。

「‼」

僕はあわてて答えました。

「あ、あります、あります。僕来るときもそこでコーヒー六杯おかわりしましたし‼」

「マックってコーヒーおかわりできるの⁉」

「店員さんの視線さえ気にしなければできますよ！　バリューセットもおごりますよ」

「あはは。じゃぁ、また空港に着いたらね！」

小走りに去る志穂さんの後ろ姿を見送りながら、僕は再びあの言葉をかみしめていました。

「僕はもう以前の僕とは違う」

僕は心の中で何度もこの言葉を繰り返しました。

（完）

あとがき

僕の好きな言葉にこんなものがあります。

「四葉のクローバーを見つけるために三葉のクローバーを踏みにじってはいけない、幸せはそんなふうに探すものじゃない」

僕はこの言葉をこう解釈しています。
ドラマのような運命の出会いは、突然やって来るものじゃない。
日常にあふれている毎日の出会いの一つひとつが、じっくり育て上げれば、
運命の出会いになるんだ、と。

この本を読んでくださったあなたが、今日から少しでも「出会い」というものを大切にしてくれたら……。

そう思いつつ、僕はこの本を書きました。

この本が対話形式になったのは、あなた自身が主人公・京人として登場した方が、より臨場感を持って「出会い」にまつわるテクニックを学べると思ったからです。

そして、アドバイザーが女医志穂になったのは、僕の言葉として伝えるよりもより素直に聞いてもらえるんじゃないかと思ったからです。

あなたが男性ならば、少なくとも僕なんかよりきれいな女性に教わりたいと思うはずです。

うん、思いっきり決めつけです。

学ぶと言っても、何も心理テクニックを暗記する必要なんてありません。

この本では「こんなシチュエーションになったら?」「こんなことを相手か

ら言われたらどうする？」といった、いくつかのイメージトレーニングを単にしてもらうだけです。

これによって、あなたが初めて経験するシーンでも「あ、前にもこんなことあったなぁ……」と、この本のことを思い出してくれれば十分です。

舞台がキャバクラなのは……、シチュエーションを多様化するためと、取りあえず申し上げておきます。

と言っても実際、志穂のコスチュームぐらいしか変化していきませんが……。

まぁ、出会いにあふれていて、内気な主人公でも女性と一対一でゆっくり話せる場所……ということでもキャバクラが妥当ではという、担当編集者の異様に強い要望もそこにはあったのですが……。

いずれにしても、この本で伝えたかったことは、**「人生はほんの一握りの勇気で大きく変わる」ということ**です。

あなたが、一つひとつの出会いを大切にし、それらをうまく活かせるようになることの一助に、本書がなれたらと心から願っています。

ここまで読んでくださって、本当にありがとうございました。

ゆうきゆう

ゆうき ゆう

精神科医・心理研究家。ゆうメンタルクリニック院長。

精神医学・臨床心理学を応用した心理テクニックを中心としてサイト・メルマガの総読者数は、世界中に16万人。サイトアクセス数は8000万ヒットを超える。

また、メルマガ界の「アカデミー賞」とも呼ばれる『メルマガ大賞』で3年連続の総合大賞を受賞する。

対人心理学に関する古今東西の文献を読み、特に初対面で最大の印象を与えるためのスキルについて日々研究を重ねている。趣味はサーフィン、ただし乗るのは波ではなくネット。追い詰められるほど力を発揮するタイプなので、締め切り直前はあらゆる誘惑を断ち喫茶店などでパソコンで原稿を書く。しかし、ネット環境が無いのはどうしても不便ということで最近無線LANを取りつけた。おかげで喫茶店でもネットサーフィンを楽しんでいる。著作は『ゆうき式逆転発想勉強術』(スリーエーネットワーク)『ゆうき式ストレスクリニック』(弊社刊)など多数。

ゆうメンタルクリニック　http://yucl.net/

TEL. 03 - 6663 - 8813（上野駅徒歩０分）。

静かで癒される都会のオアシスとして評判が高い。

Nanaブックス
0080

出会いでつまずく人のための心理術

2009年7月2日　初版第1刷発行
2016年9月16日　　第4刷発行

著　者――― ゆうき ゆう
発行者――― 浪木 克文
発行所――― ウィズワークス株式会社
〒160-0022
東京都新宿区新宿1-26-6　新宿加藤ビルディング5F
TEL　03-5312-7473
FAX　03-5312-7476
URL　http://wis-works.jp
※Nanaブックスはウィズワークス（株）の出版ブランドです

印刷・製本・協力― 日経印刷株式会社

デザイン――― 村橋雅之
イラスト――― ソウ
編集――― 田中孝行
編集協力――― 萩原あや

ISBN 978-4-901491-90-7　C0011
落丁・乱丁本は、送料小社負担にてお取り替えいたします。